リオデジャネイロ歴史紀行

内藤陽介

えにし書房

まえがき

　旅行の楽しみの一つは、ネットやガイドブックに載っている写真・映像の実物を自分の目で確認することにあるのではないかと思う。だとすれば、星の数ほど出回っているガイドブックの中で、名所・旧跡を扱った切手や絵葉書というのは、ちょっと毛色が変わっているけれど、そのセレクションはピカイチの存在として、もっと注目されていい。

　日本の郵便は株式会社化されてしまったが、世界的に見れば、何らかの形で、国家が郵便事業に関わっているケースが大半だ。だから外国人から見れば、郵便事業の経営形態がどうであろうと、日本の切手は"日本"の姿をシンボリックに表現しているようにみえる。逆に、僕たちだって、外国からのエアメールに貼られた切手を見て、その国のお国柄について、あれこれ想像をめぐらすわけだ。

　実際、切手は"小さな外交官"と呼ばれることもあって、多くの国では自国を代表する文化遺産や名所・旧跡をさかんに切手に取り上げている。だから、切手や絵葉書をガイドブック代わりに、そこに描かれた風景などを訪ね歩いたら楽しいのではないか。そんなことを考えて、僕はこれまで、漫郵記や周郵記と称して、切手と旅、そして歴史を組み合わせた切手紀行の本を何冊か作ってきた。

　今回の拙著は、そうした切手紀行の最新作として、切手や絵葉書を手掛かりに、南米随一の巨大都市、リオデジャネイロがたどってきた16世紀以来の歴史と文化を僕自身が自分の足で訪ね歩いた記録である。

　リオデジャネイロといえば、カーニヴァルやコルコヴァードのキリスト像、ボサノヴァの「イパネマの娘」やサッカーの聖地・マラカナンスタジアムが有名だ。いまなら、2016年夏のオリンピックの開催都市ということをすぐに思い浮かべる人も多いに違いない。

　もちろん、それらは全部正しいけれど、それ以外にも、リオデジャネイロにはまだまだ見るべき場所、語るべきことが山のようにあって、その多くが日本では意外と知られていないのが残念だ。だから、今回の拙著では、そうしたリオデジャネイロの魅力と面白さについて、僕は切手という小窓を通じて、みなさんにお話ししたくなってこの本を作った。

　しばし、おつき合いいただければ幸いである。

リオデャネイロ歴史紀行　目次

まえがき　3

第1章　ポン・ヂ・アスーカル ─────── 5

1月の川を見下ろす砂糖パン…5　　　　リオの表玄関…8
ツェッペリンも上空を飛んだ…11　　　サントス＝ドゥモン空港…15
ニテロイ…20　　　　　　　　　　　三国同盟戦争のモニュメント…24
ポン・ヂ・アスーカルに上る…26　　　"砂糖パン"はなかった…30
〈コラム〉ブラジルを紹介した"日本・ブラジル交流年"の記念切手…34

第2章　コルコヴァードのキリスト像 ─────── 35

"せむし"の丘…35　　　　　　　　　ドン・ペドロ2世…36
コーヒー農園だった都市森林へ…38　　コルコヴァード鉄道でサンバを聴く…40
キリスト像建立までの歴史…45　　　　キリストの足元には花魁がいた…53

第3章　コパカバーナからイパネマへ ─────── 61

コパカバーナ…61　　　　　　　　　ユダヤ系ブラジル人とカルサーダス…64
コパカバーナ・パレス…69　　　　　　叛乱の舞台となった要塞…73
イパネマ…81

第4章　旧市街を歩く ─────── 89

国立歴史博物館…89　　　　　　　　　チラデンチス宮殿…95
中央郵便局と牛の目…100　　　　　　ブラジル銀行文化センターで草間弥生を見る…109
カンデラリア教会…113　　　　　　　カテドラル・メトロポリターナ…118
リオ・ブランコ通り…124

第5章　フラメンゴとマラカナン ─────── 133

ブラジルにサッカーが伝来したのはいつか…133　ゴメスとヴァルガス…136
第二次大戦に参戦…140　　　　　　　勝ち組と負け組…145
戦没者慰霊塔…147　　　　　　　　　中央駅とプレジデンチ・ヴァルガス通り…155
ヴァルガスとサッカー…162　　　　　　マラカナンの悲劇と屈辱…165
スタジアム参観ツアー…169

附　章　カーニヴァルと切手 ─────── 177

カーニヴァルの期限…178　　　　　　サンバの誕生…180
エスコーラ・ヂ・サンバの成立…183　　軍事政権下のカーニヴァル切手…184

あとがき　189

第1章　ポン・チ・アスーカル

図1　ポン・チ・アスーカルとブラジル最初の切手"牛の目"3種を組み合わせた世界切手展〈BRASILIANA 93〉の小型シート。額面合計18万クルゼイロに2万クルゼイロを上乗せして販売された。

1月の川を見下ろす砂糖パン

　リオデジャネイロ（以下、適宜"リオ"と略す）という地名は、もともと、ポルトガル語で"1月の川"の意味だ。

　1498年、ヴァスコ・ダ・ガマのポルトガル艦隊がインド航路を開拓したことを受けて、ポルトガル王マヌエル1世は、1500年2月15日、ペドロ・アルヴァレス・カブラル（図2·3）を長とする第2次インド遠征隊を派遣する。ところが、カブラルの艦隊は予定の航路を大きく外れてブラジルに漂着してしまった。これが、ヨーロッパ人によるブラジルの"発見"と言われている出来事である（図4）。

　続いて1502年1月、ガスパール・デ・レモス率いるポルトガルの艦隊が、今度は明確に南米大陸を目指す意図をもってブラジルに到達する。一行が到達した

図3 リオ市内、フラメンゴ公園のカブラル像。

図2 カブラル生誕500年記念のブラジル切手。

図4 1969年、ポルトガル領時代のモザンビークで発行された"ヴァスコ・ダ・ガマ生誕500年"の記念切手は、ガマの航海図とされる地図が描かれている。しかし、実際のガマの航海は、それまでのアフリカ沿岸航路と異なり、赤道無風帯と逆向きの海流を避けて大西洋を大きく迂回するルートを取ってはいるものの、南大西洋中央部を通っており、この切手のようにブラジルに接近したルートでは航行していない。ガマの航海とカブラルの航海を混同したゆえの"図案ミス"といえよう。

　グアナバラ湾は、湾口がぐっと狭まっているため、彼らはここを川と勘違いした。そして、到着したのが1月だったことから、この一帯を"1月の川"、すなわちリオ・デ・ジャネイロと命名した。

　グアナバラ湾は面積400平方キロ、周囲143キロの大きな入り江で、湾内には国際空港のあるゴベルナドール島や観光地パケター島など113の島があるが、その入り口の幅はわずか1.5キロほどしかない。

　湾内とその周辺には、気の遠くなるような年月をかけて浸食された巨大な奇岩がところどころにそびえ立ち、独特の景観を作り出している。

　その佳景を評して、カリオカ（リオ市の住民もしくは出身者）は「神は7日で世界を創りたもうた。そのうち、リオだけに2日を費やされた」と誇らしげに語るという。

第 1 章　ポン・チ・アスーカル

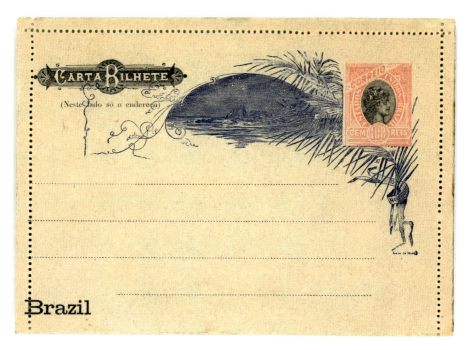

図 5　共和革命（1889 年）後初期のブラジルの葉書は、印面にはさまざまなヴァラエティがあるものの、上部の装飾にはブラジルの象徴としてのポン・チ・アスーカルが大きく取り上げられている。

7

図6 "砂糖パン"を思わせる山並みが良くわかる角度からポン・デ・アスーカルを取り上げた2007年の切手。

そうしたリオの景観の中でも、我々日本人にとっての富士山と同じように、特別な意味を持つシンボルとなっているのが、湾口西側の岬にそそり立つ標高335メートルの円錐状の岩山、ポン・デ・アスーカルだ（図5）。

ポン・デ・アスーカルは、直訳すると、ポルトガル語で"砂糖パン"の意味。もともとこの岩山は、先住民トゥピ・グアラニー族の言葉で"尖った山"を意味する"ポウンドアスカ"と呼ばれていたが、ポルトガル人がそれを自分たちになじみの深い単語の"ポン・デ・アスーカル"と聞き間違えたのが現在の名前の由来だという。ちなみに、英語では、砂糖の塊を意味する"シュガー・ローフ"の名で呼ばれることも多い（図6）。

リオの表玄関

かつての米国への移民にとっての自由の女神がそうだったように、グアナバラ湾の入口にそびえ立つポン・デ・アスーカルは、長い船旅の後、船客たちがリオにたどり着いたことを実感するための標識でもあった。

1908年7月、リオ開港100周年を記念して発行された切手（図7）と絵葉書（図8）はそうしたポン・デ・アスーカルの役割を僕たちに思い起こさせてくれる。

切手のデザインを制作したのは、ブラジル近代美術の巨匠、エンリケ・ベルナルデリだ。

ベルナルデリは、1857年7月15日、チリのヴァルパライソで、ヴァイオリニストとダンサーの両親の下に生まれた。1865年、両親がブラジル皇帝ドン・ペドロ2世の王女の家庭教師として招かれたのを機にブラジルに渡った。

1870年、ベルナルデリはリオの帝国美術アカデミー（AIBA: Academia Imperial de Belas Artes）に入学する。

当時、AIBAでは、学内コンクールで優勝したブラジル人学生に欧州留学費用を支給する制度があり、ベルナルデリはこれに応募するため、1878年にブラジル

第 1 章　ポン・ヂ・アスーカル

図 8　記念切手と同時に発行された同図案の絵葉書。

図 7　ブラジル開港 100 周年の記念切手。

図 9　欧州留学中のベルナルデリの代表作とされる『母性』。

9

国籍を取得した。しかし、この年のコンクールは激戦で、ベルナルデリとロドルフォ・アモエド（後に、ベルナルデリと並び、ブラジル近代絵画を代表する巨匠のひとりとなる）がともに1等を獲得。審査委員会は両者甲乙つけがたしとして、ブラジル政府に対して2人分の留学費用の支給を求めたものの、これは認められず、アモエドにのみ留学費用が支給されることになった。

このため、ベルナルデリは、弟で彫刻家のロドルフォ・ベルナルデリとともにイタリアに渡り、1888年に帰国するまでの間、フランチェスコ・パオロ・ミチェッティやジョヴァンニ・セガンティニ等の画家と親交を結んでいる（図9）。

帰国後のベルナルデリはリオを拠点に活動し、1889年のパリ万博や1893年のシカゴ万博に作品を出品したほか、国立美術学校教授、リオ市立劇場の美術装飾監督などを歴任。さらに、1906年の第3回汎米会議、1908年のリオ開港100年、リオ博覧会（図10）など、記念切手・葉書の原画も手掛け、1916年にはブラジル政府から栄誉勲章を授与された。1936年4月6日没。

さて、ベルナルデリのデザインは、グアナバラ湾を背景に、ブラジルを象徴する女神とポルトガルを象徴する勇者が向かい合う場面を描いている。

もともと、ブラジルの地方行政制度において、現在の領域の"リオデジャネイロ州"が設定されたのは1709年のことで、1763年には、リオデジャネイロ市がブラジルの植民地政庁の所在地（首都）となった。

その後、欧州でナポレオン

図10　ベルナルデリが原画を手掛けた1908年リオ博覧会の記念絵葉書。背景には、やはり、ポン・チ・アスーカルが描かれている。

第 1 章　ポン・チ・アスーカル

図 11　"ポルトガル王室のブラジル遷移 200 年"の記念切手。連刷左側の国王の背後にポン・チ・アスーカルが見える。

　戦争の嵐が吹き荒れていた 1808 年、ナポレオン軍の攻撃を受けたポルトガルのブラガンザ王朝はナポレオン軍を逃れてリスボンからリオデジャネイロ市に移転。翌 1809 年、リオデジャネイロ市はポルトガル・ブラジル連合王国の首都となった。

　以後、1821 年にポルトガルの宮廷がリスボンに帰還するまでの間、リオの開発は急速に進み、その後の繁栄の基礎が築かれる。そして、1822 年、ブラジルがポルトガルから独立すると、リオデジャネイロ市はブラジル帝国の首都となった。

　1908 年は、リオの発展の基礎となった 1808 年のポルトガル王室遷移から 100 周年にあたっていた。図 7 の切手はそうしたブラガンザ王朝のリオ遷都をアレゴリーで表現したもので、居並ぶ艦隊の隙間越しにポン・チ・アスーカルを描くことで、ポルトガル人がリオに到着したばかりであることを表現したのである。

　なお、同様のイメージは、それから 100 年後の 2008 年に発行された"ポルトガル王室のブラジル遷移 200 年"の記念切手（図 11）にも継承され、国王と船団の背後にポン・チ・アスーカルが小さく描かれている。

ツェッペリンも上空を飛んだ

　やがて、交通手段は船から飛行機へと変化し、リオにやってきた人々はポン・チ・アスーカルを見下ろしながら、ブラジルの地に降り立つようになる。

　リオにおける本格的な航空史は、1911 年に民間の飛行士訓練機関としてブラジル飛行クラブが設立されたところから始まる。翌 1912 年には、リオ市内西部に

11

カンポ・ドス・アフォンソス空港（現アフォンソス空軍基地）が建設されて飛行クラブの拠点となり、1914年2月2日、ブラジル軍航空学校が同空港内に開設された。

当初、ブラジル空軍はイタリア軍の指導を受けていたが、第一次大戦の勃発により、軍航空学校は一時閉鎖された。大戦後の1919年1月29日、フランス軍の指導の下、軍航空学校が再開され、本格的に訓練が行われるようになった。これに伴い、飛行クラブはカンポ・ドス・アフンソス空港から移転したが、民間航空会社による同空港の利用は継続され、1929年に就航したNYRBA航空もここを利用した。

NYRBAは、南北アメリカ大陸東海岸の米国・ブラジル・アルゼンチンの間の旅客と郵便物を運ぶため、ラルフ・アンブローズ・オニールが創立した航空会社で、社名は、ニューヨーク、リオ、ブエノスアイレスの頭文字を取ったものだ。

オニールは第一次大戦中の米軍のエース・パイロットで、1925年に退役。1927年、メキシコでの航空事業の立ち上げにかかわった後、ボーイング社ならびにプラット＆ホイットニー社の支援を受けて南米における航空網の拡大に乗り出した。

当初、オニールはブラジルに本社を置く民間航空会社ETAの買収を考えたが、当時のブラジル国内法ではブラジル籍の民間航空会社に国際線運行の認可は下りなかったため、他国に本社を置く航空会社を設立した上で、その支店をブラジルに置き、ブラジル発着の国際線を運航するということにして、1929年、NYRBAが設立される。

同社の初飛行は、1929年8月21日、ブエノスアイレス＝モンテヴィデオ間のフライトで、この実績をもとに、同年10月、NYRBAはブラジル支社を開設。同年12月23日、リオ発ブエノスアイレス行きの第一便がスタートした。その後、1930年1月24日、NYRBAブラジル支社はブラジル国内全域の運航権を獲得し、リオから南米各地への路線を拡大したが、経営的には利益が上がらず、同年4月30日、パンナムに買収され、パナイル・ド・ブラジルと改称されている。

図12は、1930年2月19日、NYRBA航空の就航に合わせてブラジルで発行された航空切手で、リオの象徴であるポン・ヂ・アスーカルとニューヨークの象徴である自由の女神像の間に、大西洋の朝日を背景にエアメールをくわえたハトを描いている。

図12　NYRBA就航記念の航空切手。

第1章 ポン・ヂ・アスーカル

　カンポ・ドス・アフンソス空港から大西洋に出る場合、飛行機は当然のことながら、ポン・ヂ・アスーカルの上空を飛んでいくことになるから、その意味ではこの切手の図案は単なるイメージというだけではなく、実際の飛行ルートを反映したデザインと言っても良い。

　一方、1930年にはドイツの飛行船LZ127（通称グラーフ・ツェッペリン）もポン・ヂ・アスーカルの上空を越えてリオに飛来し、カンポ・ドス・アフンソス空港に着陸している。

　グラーフ・ツェッペリンは、20世紀初頭に登場したドイツの巨大飛行船の中でも最も有名なもので、236.6メートルの全長は、当時としては世界最大の巨大飛行船だった。

　初飛行は1928年9月18日。同年10月には米国ニュージャージー州レイクハーストへ最初の長距離飛行を行い、到着した乗組員はニューヨーク市で大歓迎を受けると、ホワイトハウスにも招かれた。

　この成功を受けて、1929年8月には、米国の新聞王、ウィリアム・ランドルフ・ハーストをスポンサーとして、レイクハーストを出発して、21日5時間31分、飛行距離3万1400キロメートルの世界一周飛行を行っている。この間、太平洋横断を前に、8月19～23日には日本の霞ヶ浦にも寄港したことは昭和史の一駒としてよく知られている。

　その後、グラーフ・ツェッペリンは欧州各地を飛行していたが、1930年5月18日、ドイツのフリードリヒスハーフェンを出発し、スペインのセヴィーリャ（セビリア）を経由して大西洋を渡り、5月22日、ブラジル北東部の港湾都市レシフェに到着。そこから、リオに向かっている。5月25日のリオ到着後は、北上して米ニュージャージー州のレイクハーストを経て、大西洋を渡りセヴィーリャ経由でドイツに帰還した。

　図13は1930年5月の飛行で、グラーフ・ツェッペリンによって運ばれたリオ宛の郵便物で、ポン・ヂ・アスーカルの上空を飛ぶ飛行船のカシェ（記念スタンプ）が押されている。カシェのデザインはドイツを出発する以前に制作されていたものだが、実際に飛行船がリオ上空に飛来した際の写真（図14）を見ると、このカシェの通り、当時のカリオカたちは、ポン・ヂ・アスーカルを背景に悠然と飛んでいくツェッペリンの光景を目の当たりにしていたことがわかる。

13

図13　グラーフ・ツェッペリンでリオまで運ばれた郵便物。

図14　実際にリオ上空を飛ぶグラーフ・ツェッペリンを撮影した写真の絵葉書。

14

サントス゠ドゥモン空港

　ブラジルの航空事業が発達するにつれ、本格的な国際空港が必要となったため、1936年、リオの中心部から2キロの位置にあるボタフォゴ湾の海岸沿い、海軍基地に隣接した場所にサントス゠ドゥモン空港が開港した。

　ボタフォゴ湾はまさに、ポン・チ・アスーカルの足下に広がっているから（図15・16・17）、海と奇岩と飛行機の組み合わせは、リオの定番の風景となる。

図15　ボタフォゴ湾からポン・チ・アスーカルを望む風景を取り上げた1965年の切手。

図16　ボタフォゴ湾からポン・チ・アスーカル上空を飛ぶ飛行機を描いた1946年の航空切手。

図17　ボタフォゴ湾越しに見るのポン・チ・アスーカルの実際の風景。

空港の名前の由来となったアントニオ・サントス＝ドゥモンは、ブラジル人なら誰もが知っている"飛行機の父"と称される人物で、1873年、ミナスジェライス州の裕福なフランス系コーヒー農園主の子として生まれた。日本では、フランス語風の読み方"サントス＝デュモン"で紹介されることも少なくない。

図 18　サントス＝ドゥモンの肖像と 14-bis 号。

　幼少期からジュール・ベルヌの小説を愛読し、7 歳にして牽引車を運転、12 歳の時には農場を走る機関車を運転したと言われている。18 歳の時、父親のアンリが仕事中に落馬し、骨盤を骨折して亡くなったため、莫大な財産を相続して祖先の国であるフランスに移住。飛行船や航空機の開発に熱中した。

　そして、1901 年には半硬式の飛行船 6 号機で、制限時間内にエッフェル塔の周りをまわる飛行に成功し、ドゥーチ賞を受賞。さらに、1906 年 10 月 22 日には、エンテ型（主翼の前方に前翼を持つ固定翼機。鴨が飛ぶ姿に似ていることから、ドイツ語で鴨を意味するエンテ：Ente と呼ばれるようになった）の動力機 "14-bis" 号の公開実験で高さ 3 メートル、距離約 60 メートルを飛行。続いて 11 月 12 日の公開実験でも、高さ 6 メートル、距離 220 メートルを飛行した（図 18）。これにより、公開の場での 100 メートル以上の飛行にかけられていたアルシュデック賞（アルクデアコン賞）を獲得する。

　これはヨーロッパにおいて、最初の飛行機による飛行だった。また、当時のヨーロッパでは、1903 年 12 月 13 日に米ノースカロライナ州のキティホークでライト兄弟が行った"初飛行"のことが知られていなかったこともあって、サントス＝ドゥモンによる"世界最初の飛行"として高く評価された（図 19）。

　その後、ライト兄弟による 1903 年の"初飛行"が広く知られるようになったため、飛行機の発明者としては、サントス＝ドゥモンではなく、ライト兄弟を挙げるのが一般的になったが、現在なお、ブラジル人の大半はサントス＝ドゥモンこそが"飛行機の父"であると考えている。

　その根拠としては、

　　1.　ライト兄弟による 1903 年の"初飛行"を目撃した証人は 5 人しかおらず、

証拠とされる写真も初飛行から数年後にようやく発表されたもので、信憑性に乏しい。（ちなみに、公開の場でライト兄弟が飛行に成功したのは1908年が最初で、サントス＝ドゥモンの飛行よりも2年後である）
2. 仮にライト兄弟の初飛行が事実であったとしても、1903年の飛行実験後も彼らの飛行実験にはカタパルトが使用されており、カタパルトを利用しての飛行であれば、飛行機ではなく"グライダー"とみなすべき。
3. ライト兄弟の飛行機とされるライトフライヤー号を復元した飛行試験は、複数の研究者が挑戦したものの、いずれも失敗している。

というものだ。

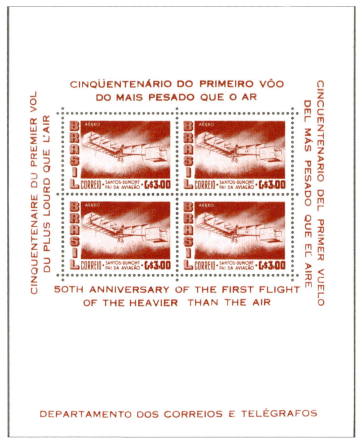

図19　サントス＝ドゥモンの初飛行50周年のシートには、ポルトガル語、フランス語、スペイン語、英語の各国語で「空気より重い（機体の）初飛行50周年」の文言が入れられている。

要するに、ブラジル人の認識では、1903年のライト兄弟の初飛行がかなり疑わしいのに対して、多くの人が見守る公開の場で行われた1906年のサントス＝ドゥモンの初飛行は、誰もが疑う余地のない業績であるので、これこそが公式な"世界初飛行"とされるべきだというわけだ。なるほど、これはこれでそれなりに説得力のある主張ではある。

　なおサントス＝ドゥモンは、1906年の初飛行で得た賞金を慈善活動に寄付しただけでなく、機体の特許を取らず、誰にでも飛行原理を理解できるように設計図を公開するなど、高潔な人物でもあった。

　しかし、第一次大戦が勃発し、飛行機や飛行船が兵器として使用された事実に失望。ヨーロッパを去ってブラジルに帰ったものの、ブラジルでも内戦鎮圧のために飛行機が使用されていることにショックを受け、飛行機の"平和利用"を訴えたが、大統領や議会から無視されたため、ついには絶望のあまり、1932年、サンパウロ州グアルジャのホテルでネクタイで首を吊って自殺してしまった。

　彼の死後、1936年に開港したリオの空港が"サントス＝ドゥモン空港"と命名されたのは、こうした彼の業績と人生を称えてのことである。

　ポン・ヂ・アスーカルを見下ろしながらサントス＝ドゥモン空港に降り立ったのは、かつての日本航空（JAL）も同様で、1954年10月に就航した日本航空の東京（羽田）＝リオ＝サンパウロ線の初飛行記念の封筒には、リオの象徴としてポン・ヂ・アスーカルが描かれている（図20・21）。

　郵便印の日付をたどってみると、往路は1954年10月5日、羽田を発ち、リオへの到着は現地時間で10日の午後4時。日本時間に直すと、11日の午前4時となる。ちなみに、この時のフライトでは、JALの飛行機はさらに最終目的地のサンパウロまで飛んでおり、サンパウロへの到着は11日だった。

　一方、復路のフライトは、10月12日にサンパウロを発ってリオに到着。その後、16日にリオを発って20日に羽田に戻るという日程で、往復ともに、東京とリオの間は6日程度かかっている勘定となる。もちろん、途中で各地を経由しているためだろうが、かなりの長旅であることには違いない。

　2013年11月、僕がリオに行ったときは、合計の飛行時間が約24時間になってかなりしんどいと思ったが、中継地での1泊を含めても3日以内に到着できたわけだから、昔の人たちのことを思うと、罰が当たりそうだ。

第 1 章　ポン・チ・アスーカル

図 20　羽田発リオ宛の JAL の初飛行カバー。

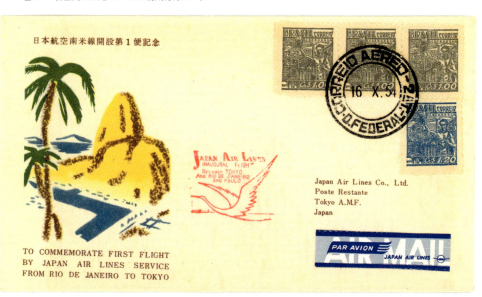

図 21　リオ発羽田宛の JAL の初飛行カバー。使われている封筒は往路便と同じだが、鶴のマークは往路便が緑色なのに対して、復路便は赤色。

19

ニテロイ

　現在、リオの国際空港は1952年にリオ北郊に開港したガレオン国際空港（現アントニオ・カルロス・ジョビン国際空港）だ。この空港は、リオの市内中心部からはかなり離れているので、以前のように、ポン・ヂ・アスーカルを見下ろしながらリオに降り立つという雰囲気ではなくなってしまった。

　ただし、現在でも、サントス・ドゥモン空港はブラジルの国内線用に利用されているから、ポン・ヂ・アスーカルの上空を飛ぶ飛行機という構図は、決してカリオカたちにとっては過去のものとなったわけではなく（図22）、ブラジル人の中には、飛行機の窓からポン・ヂ・アスーカルを見るとリオに来たことを実感する人も多いという。

　サントス・ドゥモン空港と飛行機とポン・ヂ・アスーカルの組み合わせをじっくり拝むには、海の上からがよさそうだと考えた僕は、リオからフェリーに乗って対岸のニテロイに行ってみることにした。

図22　コパカバーナ海岸から見たポン・ヂ・アスーカルとその上空を飛ぶ飛行機。

第1章　ポン・チ・アスーカル

図23　アラリボイアを取り上げた1973年の切手。

図24　ニテロイ側のフェリー乗り場の前にあるアラリボイアの像。

図25　グアナバラ州の創設に伴い、同州の憲法が公布されたことの記念切手。グアナバラ州＝リオデジャネイロ市の地図が背景に描かれている。

　ニテロイはポルトガル人の来航以前から先住民の集落があった場所で、地名は、もともとトゥピ・グアラニー語で"隠れた水（川、海、湾など）"の意味だという。

　16世紀に入ると、ポルトガル人はニテロイにもやってきたが、この頃、フランスやオランダもブラジルに食指を伸ばし、沿岸部では領土の争奪戦が展開された。

　その過程で、1555年、フランスは先住民のタモイオ族と結んでグアナバラ湾の小島を占領したが、これに対して、ニテロイ一帯を支配していたテミミノ族の大酋長、アラリボイア（図23・24）はポルトガルに協力し、小山の上からフランスの動きを見張っていた。その後、1567年にポルトガルがフランスを放逐すると、アラリボイアは功績を認められ、マルチン・アフォンソ・デ・ソウザというポルトガル名とポルトガルの市民権を得て、ニテロイの執政官として従来からの権利を保証された。

　現在のニテロイ市は、1835年に市制が施行されたことで発足したが、その前年の1834年、リオデジャネイロ市はブラジルの首都としてどの州にも属さない"中立都市"となった。これに伴い、リオデジャネイロ州は、その名前とは裏腹に、それまでの領域からリオデジャネイロ市を除いた地域となり、ニテロイが州都となる。

21

図 26　ニテロイ行きのフェリー乗り場周辺。

図 27　リオ＝ニテロイ間のフェリー 150 年の記念切手。4 種並べると、歴代の船の変遷が分かるようになっている。

第 1 章　ポン・チ・アスーカル

上：図 28　リオ＝ニテロイ間を運行している現在のフェリー。

中：図 29　ポン・チ・アスーカルを背景にしたサントス・ドゥモン空港と駐機中の飛行機。

下：図 30　湾内の軍艦。

その後、1960年に連邦の首都がブラジリアに移転すると、リオデジャネイロ市の地位も変更を余儀なくされ、リオデジャネイロ市は単独で"グアナバラ州"となり、他の州と同格の立場となった（図25）。しかし、1975年には、グアナバラ州とリオデジャネイロ州が合併して現在のリオデジャネイロ州が発足。これに伴い、リオデジャネイロ市（＝旧グアナバラ州）がニテロイに代わってリオデジャネイロ州の州都となり、現在にいたっているというわけだ。

　リオからニテロイに渡るフェリーの乗り場はレトロな雰囲気の建物が立ち並んでいた（図26）。

　リオとニテロイを結ぶフェリーを結ぶフェリーは、ニテロイの市制が施行された1835年から運行されており、1985年にはその150年を記念して歴代のフェリーを取り上げた4種セットの切手（図27）が発行されていて、なるほど、かつてはこうした船がこの船着場から出ていたのかとイメージすることができた。

　フェリー（図28）は市民の足として機能している交通機関だけあって、切符売り場や待合室は結構混雑していたが、船内は比較的余裕があったので、すかさず窓際の席を確保する。

　フェリーが対岸に着くまでの所要時間は10分ほどだが、その間、船はサントス＝ドゥモン空港のほぼ真正面を通るので、そのタイミングを狙って何度かシャッターを押してみた。往復とも、あいにく飛行機の離着陸のタイミングで空港の前を通過することはできなかったが、駐機中の飛行機が並んでいる様子（図29）は撮影できたので、これはこれで良しとするしかあるまい。

　なお、湾内には軍艦も停泊していて（図30）、サントス＝ドゥモン空港が海軍基地に隣接した場所に作られたということをこの目で理解できたのも収穫だった。

三国同盟戦争のモニュメント

　さて、ポン・ヂ・アスーカルに上るには、グアナバラ湾の岬の入口にあるプライア・ヴェルメーリャ駅からロープウェイに乗るのだが、その乗り場の前にはちょっとした広場があって、翼のある男の像を戴くモニュメントが立っている（図31・32）。

　これから天空へと昇る入口の場所のイメージにぴったりの像だが、じつは、ロープウェイとは全く無関係で、1864〜70年に、アルゼンチン、ブラジル、ウルグアイの三国同盟とパラグアイとの間で争われた三国同盟戦争の英霊に捧げ

第 1 章　ポン・ヂ・アスーカル

図 31　ポン・ヂ・アスーカルと三国同盟戦争の記念碑。　　図 32　三国同盟戦争の記念碑。

たものだ。

　1828 年に独立したウルグアイは、もともと、ブラジルとアルゼンチンの緩衝国という性格が強く、ブラジルの支援するコロラド党とアルゼンチンが支援するブランコ党の対立が続いていた。こうした背景の下、1863 年、両党の内戦が勃発すると、1864 年 3 月、ブランコ党政権はパラグアイに支援を求めた。

　これに対して、同年 10 月、ブラジルがウルグアイに派兵して内戦に介入すると、翌 11 月、パラグアイはパラグアイ川を航行中のブラジル船、「マルケス・ヂ・オリンダ」を拿捕。ブラジルとパラグアイの間に戦端が開かれた。

　開戦当初、パラグアイ軍はブラジルの要衝コインブラやコルンバを占領し、占領地域をアルト・パラグアイ県として国土に編入するなどの戦果を収めた。

　しかし、1865 年 4 月、ウルグアイでブランコ党政権が崩壊し、ブラジルの支援で政権についたコロラド党はパラグアイに宣戦を布告。さらに、5 月にはアルゼ

25

ンチン・ブラジル・ウルグアイの反パラグアイ三国同盟が結ばれ、翌6月、ブラジル艦隊がパラナ川の戦闘でパラグアイ艦隊を撃破する。

　1866年に入ると、三国同盟軍はパラグアイ国内へ侵攻を開始。5月に行われたパソデリア北方の戦闘でパラグアイ軍は大敗。さらに、1867年7月のウマイタ要塞陥落によりパラグアイ川の航行権は三国同盟軍に掌握され、1869年1月には首都アスンシオンが陥落。その後もパラグアイ軍は抵抗を続けたが、1870年3月1日に降伏する。

　一連の戦争を通じて、少なくともパラグアイ人の半分以上が亡くなり、パラグアイの領土は戦前の4分の3に減じられたが、戦勝国となったブラジルもパラグアイの東部を獲得したものの（図33）、10万人の死傷者を出し、30万ドルに及ぶ戦費を外債で賄い財政が破綻するなど、犠牲も大きかった。

図33　三国同盟戦争後に確定されたブラジル＝パラグアイ＝アルゼンチンの国境を取り上げたパラグアイの切手。

ポン・ヂ・アスーカルに上る

　ポン・ヂ・アスーカルの頂上へ向かうには、ウルカの丘と呼ばれる標高220メートル地点までの第1ロープウェイ（図34）と、そこから頂上までの第2ロープウェイの2つを使う。僕が訪れた時は、往復の料金は53レアルだった（図35）。

　ポン・ヂ・アスーカルにロープウェイを建設する計画は、1908年に開催されたリオ国際博覧会で、パヴィリオン建設に従事していたエンジニアのアウグスト・フェレイラ・ラモスが発案した。

　スペインのウリア山で世界最初のロープウェイが開通したのは

図34　ウルカの丘に向かう第1ロープウェイを取り上げた2007年の切手。

第1章　ポン・ヂ・アスーカル

図35　ポン・ヂ・アスーカルのロープウェイのチケット。

1907年のことで、翌1908年にはスイスのヴェターホルンには2番目のロープウェイが開通していたが、南米最初となるポン・ヂ・アスーカルのロープウェイ計画は、無謀な試みとみられていた。

　しかし、ラモスは世間の嘲笑をものともせず、同志を募って1909年にポン・ヂ・アスーカル索道会社を設立。ケーブルの敷設工事を開始した。

　工事は、まず、ウルカの丘とポン・ヂ・アスーカルの麓にパイロット・ケーブルを運び上げた。その後、別のチームがウルカの丘とポン・ヂ・アスーカルの頂上からロープを投げ落としてパイロット・ケーブルとつなぎ、山頂に設置した手動の巻き上げ機で引き上げてケーブルを設置するという方法で進められた。また、山頂の駅舎や展望スペースを作るための基礎工事が、岩盤を1.5メートル削って行われた。

　こうして1912年、麓のヴェルメーリョからウルカの丘までの528メートルのロープウェイが完成し、10月27日に運行を開始した。さらに、翌1913年1月18日にはウルカの丘からポン・ヂ・アスーカル山頂までの750メートルが開通。それまで、多くのリオ市民にとって遠くから仰ぎ見るしかなかったポン・ヂ・アスーカルの頂上に、この日だけで449人が降り立った。

　ウルカの丘で第1ロープウェイを降りて展望台（図36・37）に出ると、すぐ目の前には、開業当時のロープウェイのゴンドラとラモスの銅像が展示されていた

27

上：図36 ウルカの丘の展望台から下界を望む。

左下：図37 ウルカの丘の展望台で見かけた知的な雰囲気の女性。

右下：図38 開業当時のロープウェイの車両とラモスの銅像。

第 1 章　ポン・チ・アスーカル

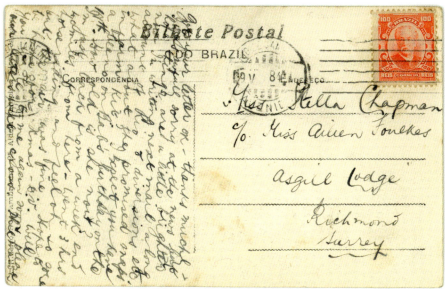

図39　1918年のロープウェイを取り上げた絵葉書。

29

(図38)。資料によると、このゴンドラはドイツ製の木造で22人乗りということだったが、実際には、15人も乗り込んだらかなりの混雑になりそうな大きさだ。ちなみに、現在のゴンドラはイタリア製で65人乗りだから、収容能力は3倍になった計算である。

僕の手元には、開業からまもない1918年に差し出されたロープウェイの絵葉書（図39）があるのだが、モノクロの絵葉書に取り上げられているゴンドラは濃色で、どうみても黄色には見えない。色違いの車両がいくつか運行していたということなのだろうか。

"砂糖パン"はなかった

ウルカの丘の展望スペースにはカフェテリアや土産物屋があったので（図40）、僕はポン・ヂ・アスーカルにちなんで、"砂糖パン"が買えないかと思って店を覗いてみた。そして、観光客を当て込んで、岩山の形に似せて、文字通りの"ポン・ヂ・アスーカル"が売られていると思ったのだ。

ブラジルのパンというと、日本ではポン・デ・ケイジョが有名だが、ホテルの

図40　1940年代のウルカの丘での休憩スペースを取り上げた絵葉書。

朝食（図41）に出てきた"ポン・フランセス"と呼ばれるパンもなかなか美味しかった。直訳すると、フランスパンだが、バケットやバタールのようないわゆる"フランスパン"とは異なり、外はパリパリで中は空洞に近いふわふわの食感が慣れると病みつきになる。その表面に砂糖をまぶして、焦がしてみたら、実物のポン・ヂ・アスーカルみたいになるんじゃないかと思ったのだが……。

ところが、土産物屋の店員には、ポン・ヂ・アスーカルに似せた砂糖パンを作るという発想は全くなかったようで、説明には大いに骨が折れた。そこで、絵を描いたり、日本では観光地というとご当地饅頭のようなモノがあって云々と説明したりすること5分ほど、ようやく、こちらの意図が伝わったのだが、そういう按配だから、当然、お目当ての砂糖パンなど売られていなかった。

図41　毎朝、ホテルのダイニングでコーヒーを注ぎに来てくれたウェイトレス。感じの良い娘だった。

別れ際、店員は「なるほど、その手があったか。ボスに提案してみるよ」と言っていたが、彼の口からボスに説明するのは、さらに困難を極めるに違いない。それでも、現在、あの土産物屋で砂糖パンが売られていたら、それはきっと僕のアイディアが採用されたから……ということにしておこう。

店を出た後は、第2ロープウェイに乗り、いよいよポン・ヂ・アスーカルの頂上を目指す。

第2ロープウェイのゴンドラとポン・ヂ・アスーカルの組み合わせは、2012年に発行された"ポン・ヂ・アスーカルのロープウェイ100年"の切手（図42）でなじみのある景色だったので、第2ロープウェイの車中から、同じような構図の写真を撮ってみようと、タイミングを計って、続けざまにシャッターを押してみた（図43）。

さすがに、切手と全く同じ角度というわけにはいかなかったが、下りのゴンドラの正面に陣取って写真を撮っている人たちの姿が似たような雰囲気だったのには思わず笑ってしまった。

ゴンドラの中から見上げていた時にもすでにロープウェイの行き着く先に雲

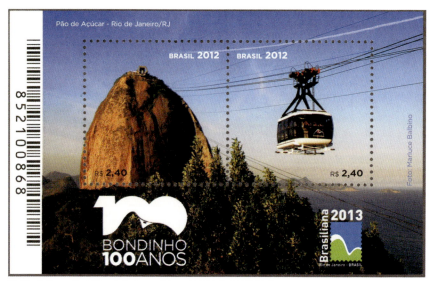

図42 "ポン・チ・アスーカルのロープウェイ100年"の記念切手。

図43 第2ロープウェイの車中から撮影したポン・チ・アスーカルとロープウェイのゴンドラ。

第1章　ポン・チ・アスーカル

図44　ポン・チ・アスーカルからコルコバードのキリスト像を望む。

が見えていたが、実際に山頂の駅に降りて見たら、完全に雲の中入ってしまい、下界を見下ろしても何一つ見えやしない。

しばらく待っていたのだが、どうにもならないので、あきらめて下山しようとしたとき、少しだけ雲が切れて、遠くにコルコバードのキリスト像のシルエットが見えた（図44）。

下界から仰ぎ見るのではなく、ほぼ目線の高さに雲の中のキリストの姿を拝むというのは何とも不思議な感覚だった。

麓の記念碑の記念碑に祀られた英霊たちの御霊も、柱頭に据えられた翼のある男に導かれて、僕の前に広がっていたのと同じような風景を目にしたのだろうか。

33

〈コラム〉ブラジルを紹介した"日本・ブラジル交流年"の記念切手

1908年の笠戸丸移民から100周年にあたる2008年は"日本・ブラジル交流年"ということで、両国でさまざまなイヴェントが行われた。

その一環として同年6月18日、日本でも10面シート構成の記念切手（図1）が発行された。

シートには、横2枚×5段、計10種類の切手が収められており、ブラジルを幅広く紹介するものとして、以下の題材が取り上げられている。

最上段左：移住開始当時のブラジル領事館ヴィザ・スタンプ印影とコーヒー豆
最上段右：移住船「笠戸丸」とコーヒーの実
2段目：ポン・ヂ・アスーカルとコルコヴァードのキリスト像のコラージュ
3段目：イグアスの瀧
4段目：サルヴァドール歴史地区
最下段左：モルフォチョウ
最下段右：ブラジルの国鳥、オニオオハシ

図1　"日本・ブラジル交流年"の記念切手シート全体像。

ちなみに、リオの2大ランドマークであるポン・ヂ・アスーカルとコルコヴァードのキリスト像が日本切手に取り上げられたのはこれが最初である（図2）。

シートの余白には、それぞれの切手の図案説明や元になった写真の版権クレジットのほか、1908年当時の神戸の領事館のヴィザ・スタンプの印影なども入っている。

なお、現在のブラジルのヴィザ（図3）は写真の入ったシール式である。

図2　シート2段目のポン・ヂ・アスーカルとコルコヴァードのキリスト像のコラージュ。

図3　現在のブラジルのヴィザ。

第2章　コルコヴァードのキリスト像

図1　丘の下から見上げたキリスト像。

"せむし"の丘

　巨大なキリスト像（クリスト・ヘデントール）で有名なコルコヴァードの丘（図1）はリオデジャネイロ市の南西部にあって、昔は、このあたりが市街地の西端になっていたのだという。

　コルコヴァードの丘は標高710メートル。地名はポルトガル語で"せむし"の意味だ。

　1937年に発行された"フランシスコ・ペレイラ・パソス生誕100周年"の記念切手（図2）にはボタフォゴ湾から見たコルコヴァードの丘が描かれているが、これを見てみると、キリスト像が小さく描かれた頂上から画面右側に流れる稜線は、たしかに背中にコブがある

図2　フランシスコ・ペレイラ・パソス生誕100周年の記念切手。

"せむし男"のようにも見えないことはない。

　切手の題材となったパソスは、帝政時代の1836年8月29日、リオデジャネイロで男爵の家に生まれた。したがって、記念切手も本来は1936年に発行される予定で、切手にも"1936年"の表示があるのだが、実際には準備が遅れ、切手が発行されたのは1937年1月2日になった。このあたりは、ブラジルらしいと言えばブラジルらしいかもしれない。

　さて、パソスは1856年にリオデジャネイロ連邦大学を卒業して技師となり、翌1857年から1860年までナポレオン3世治下のフランスに留学した。当時のパリは、ジョルジュ・オスマン市長の下、市街地の改造事業が急速に進められており、それを直接に見聞したことはパソスのその後の人生に大きな影響を与えることになる。

　1860年、ブラジルに帰国すると、コーヒー輸送のための鉄道の建設・拡張事業に関わり、1867年、サンパウロ州サントスの鉄道の拡張建設に参加。さらに、1870年に農務公共事業省技術顧問、1874年には38歳の若さでブラジル帝国の技術官僚のトップである技監に就任した。

ドン・ペドロ2世

図3　ドン・ペドロ2世。

　当時のブラジルは、皇帝ドン・ペドロ2世（図3）の時代である。

　ここで、ドン・ペドロ2世を中心に、帝政時代のブラジルについても簡単に説明しておこう。

　10～11頁でも少し触れたが、1808年、ナポレオン軍の侵攻を逃れてポルトガルのブラガンザ王室はブラジルに避難、1821年まで王室はリオに留まった。この間、1815年にはそれまでの植民地公国からポルトガル本国と対等の王国にブラジルは昇格し、"ポルトガル・ブラジル及びアルガルヴェ連合王国"が誕生する。

　その後、1821年にポルトガル王ジョアン6世はリスボンに帰還するが、その際、本人はブラジル王位を兼任したまま王太子のペドロ・デ・アルカンタラ・フランシスコ・アントニオ・ジョアン・カルロス・ザビエル・デ・パウラ・ミゲル・ラファエル・ジョアキム・ジョゼ・ゴンサガ・パスコアール・シプリアーノ・セラフィ

図4 ブラジル初代皇帝ドン・ペドロ1世。

ム（図4。以下、ドン・ペドロ）を摂政としてブラジルに残すとともに、ブラジルの分離独立を恐れて、ポルトガル軍を送り込んで統制を強化したが、これに反発したブラジルの有力者は、1822年、ドン・ペドロを擁して独立を宣言（図5）。ドン・ペドロはポルトガルの王位継承権を放棄しないまま、初代ブラジル皇帝ドン・ペドロ1世として即位し、ブラジル帝国が誕生した。

1826年にポルトガル本国でジョアン6世が崩御すると、ドン・ペドロはポルトガルの王位継承権を主張したが、本国では、保守派がドン・ペドロの継承権を無効として弟のドン・ミゲルの擁立を主張した。

このため、両者の妥協として、ドン・ペドロはブラジルを離れずにポルトガル王ペドロ4世として即位を宣言するものの、直ちに、長女マリア・ダ・グロリアに譲位し（マリア2世）、マリアとドン・ミゲル（マリアとは叔父＝姪の関係になる）と結婚させ、ミゲルを摂政とすることで決着が図られた。

図5 「独立か死か」と叫んで、ドン・ペドロ1世がブラジル独立のための決起を呼びかけた事件"イピランガの叫び"の場面を描いた絵画を取り上げたシート。

ところが、1828年、ドン・ミゲルがこの約束を破棄してポルトガル王ミゲル1世として即位を宣言したため、ポルトガルにはマリア2世とミゲル1世の2人の王が併存する異常事態となった。そこで、1831年、ドン・ペドロは1825年に生まれた長男のドン・ペドロ2世にブラジル皇帝の地位を譲位し、ポルトガルに帰国して長女マリアの王位を主張した。結局、1834年にミゲル1世は退位し、王位はマリア2世に統一されて、ポルトガルの混乱は決着した。

　さて、1831年に第2代ブラジル皇帝として即位した時点でドン・ペドロ2世は5歳と幼少であったので摂政がつけられたが、1840年、14歳で親政を開始（図6）。1843年には両シチリア王国の王女テレサと結婚し、1846年には皇女イザベルが生まれた。

図6　若き日のドン・ペドロ2世と晩年のドン・ペドロ2世の肖像を対比させた小型シート。

コーヒー農園だった都市森林へ

　現在、コルコヴァードの丘を含む120平方キロの地域は、世界最大の都市森林としてチジューカ国立公園に指定されているが、ドン・ペドロ2世が親政を開始した頃にはコーヒー農園が広がっていた。

　ブラジルでのコーヒー栽培は、1727年、仏領ギアナから持ち込まれた種を用いてパラー州で始められたといわれている。

　その後、ブラジル各地で奴隷労働力を使ったコーヒー栽培が盛んになり、19世紀前半には約150万人の奴隷が輸入されて大規模なプランテーション経営が始まり、一気に世界最大のコーヒー生産国にのし上がった。その後、ドン・ペドロ

第 2 章 コルコヴァードのキリスト像

図 7　生産量世界一のブラジル産コーヒーを宣伝する切手。1934 年発行のモノ（左）と 2001 年発行のモノ（右）。

2 世の治世下でブラジルの奴隷制度は廃止され、ヨーロッパ、そして日本などからの移民が労働力を担うことになるが、ブラジルは一貫してコーヒー大国としての地位を守り続け、2013 年には全世界の生産量 892 万 840 トンのうち、3 分の 1 に相当する 296 万 4538 トンを生産している（図 7）。

ところが、コーヒー生産の急速な拡大の副作用として、1840 年代には、コーヒー栽培を目的とした乱開発により、コルコヴァードの丘周辺もすっかり禿山になってしまい、水資源の確保にも支障が生じるようになった。このため、ドン・ペドロ 2 世はコーヒー農園を奥地に移して、リオの裏山の再植林を命じ、世界各地からさまざまな草木が集められた。

コルコヴァードの丘を登るトラムは、ジャックフルーツの木（図 8）や、蕾のまま開かずに花を咲かせるというハチドリ・ハイビスカスの花（図 9）、マダガスカルからもたらされたという珍木な

図 8　コルコヴァードの丘のジャックフルーツの木。

図 9　ハチドリ・ハイビスカスの花。

39

ど、日本ではなかなか目にすることのない植物が鬱蒼と茂った坂道を登っていくのだが、その多くは、ドン・ペドロ2世時代に植えられたものが元になっているという。

コルコヴァード鉄道でサンバを聴く

ドン・ペドロ2世は、カトリック教会の特権を制限し、黒人奴隷の地位向上に尽力するなど、リベラルな政策を展開。1865〜70年の三国同盟戦争（24〜26頁）でブラジルを勝利に導き、鉄道網を敷設するなどの実績を残した。

ブラジルにおける最初の鉄道は、ドン・ペドロ2世治世下の1854年、グアナバラ湾のマウア港とフラゴソを結ぶ14キロの区間で開通したが、コルコヴァードの丘の麓のコズメ・ヴェーリョ地区と標高710メートルの頂上を結ぶコルコヴァード鉄道も、ドン・ペドロ2世の命により1884年10月9日に開業した。

コルコヴァードの丘に登山鉄道を通す計画は、すでに1870年代からあり、1871年には農業公共事業省技術顧問だったフランシスコ・ペレイラ・パソスがヨーロッパ各国の鉄道事業を視察。パソスはスイスで体験した20%斜面を登る鉄道

図10　電化以前の1906年のコルコヴァード鉄道を取り上げた絵葉書。架線はなく、岩山の上に東屋風の駅舎は見えるが、まだキリスト像はない。

第 2 章　コルコヴァードのキリスト像

図 11　コルコヴァード鉄道の麓の駅の前には小さな公園があって、1910 年の電化時に導入された最初の車両が展示されていた。

図 12　赤い車体のコルコヴァード鉄道。

に大いに触発され、帰国後の 1874 年に技監に就任すると、コルコヴァード鉄道の実現に尽力することになる。

　なお、コルコヴァード鉄道は当初、蒸気機関車が牽引していたが（図 10）、1910 年に電化され（図 11）、ブラジルで最初の電気鉄道となった。

　現在の車両は、昔の地下鉄・丸ノ内線や京成線を思わせる赤地に白線が入っていて（図 12・13）、20 分ほどでキリスト像の足元に到着する。

　さて、コルコヴァード鉄道の乗客は基本的に観光客ばかりなので、そのまま頂上まで一気に登っていくのかと思っていたら、途中に駅が一つあってしばらく停車した。

　こんなところで誰が乗り降りするのだろうと思っていたら、楽器を持った男たちが乗り込んできてサンバを演奏し始めた（図 14）。

　キリスト像へと向かう丘を登りながらタンバリンの音の演奏を聴いていると、ふと、ボサノヴァの「丘に見せ場はない」の一節が頭の中に浮かんできた。

41

図13　コルコヴァード鉄道のチケット。

図14　車内のパフォーマー。

丘は言う　道を開けろと
みずからを見せたがっている
丘に向かって　翼を広げてごらん
タンボリンが話し出すから
一人　二人　三人
百人　千人がビートを叩き出す
（訳文は福嶋伸洋『魔法使いの国の掟：リオデジャネイロの詩と時』より）

　ヴィニシウス・ヂ・モライスの詩に出てくる"丘"は、貧しい人々が住む丘の上のファベーラ（貧民街）のことで、必ずしもコルコヴァードのことではないのだが、「丘に向かって翼を広げてごらん」とのフレーズは、なんとなく、両手を広げたキリスト像の姿を連想させて、僕のイメージにピッタリのような気がしたのだ。
　ヂ・モライス（図15）は、1913年にリオデジャネイロ生まれ。リオデジャネイロ州立大学を卒業後、教育・保険部門のキャリア官僚となり、英国留学を経て

42

第2章　コルコヴァードのキリスト像

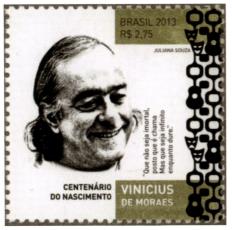

図15　ヴィニシウス・ヂ・モライス。

1943年以降は外交官として米国、フランス、ウルグアイに赴任した。その傍ら、学生時代から続けていた詩作・評論活動でも一目置かれる存在で、ブラジル政府の文化政策にも深く関わっていた。

1956年、彼はミュージカル『オルフェウ・ダ・コンセイサォン』（1959年に『黒いオルフェ』としてフランス・イタリア・ブラジル合作で映画化され、カンヌのパルム・ドールなどを受賞）をプロデュースしたが、その音楽を新進気鋭の作曲家として売り出し中のアントニオ・カルロス・ジョビン（通称トム・ジョビン）に依頼する。

ジョビンは、1927年、リオのチジュッカ地区生まれだから、ヂ・モライスより一回り以上年下だ。

14歳の頃からピアノを弾きはじめ、音楽家になることを夢見ていたが、高校卒業後は、生活の安定を考えて建築学校に入学する。しかし、音楽への夢を捨てきれず、ナイト・クラブでピアノを弾いていたところ、1952年、当時のブラジル音楽界の大御所、ハダメス・ジナタリに見いだされ、コンチネンタル・レコードに入社。翌1953年、オデオン・レコード（EMI・ブラジル）に移って、作編曲家として活動していた。

『オルフェウ・ダ・コンセイサォン』以降、ヂ・モライスとジョビンはコンビを組んで数々の曲を発表するようになり、1958年には、"サンバ・カンサォン（白人を中心に、比較的穏やかなリズムで叙情的な内容を歌ったサンバ）の女王"、"ブラジル音楽の至宝"などと呼ばれていた当代一の女性歌手、エリゼッチ・カルドーゾのアルバム『愛しすぎた者の歌』の全収録曲を手がけるようになった。

このアルバム収録曲のうち、「想いあふれて」「もう一度」の2曲にギタリストとして参加したのが、ジョアン・ジルベルトである。

ジルベルトのギターは、ジャズのコードを駆使して、1本のギターでバチーダ（サンバのリズム）を刻むという独創的なものだった。また、彼のささやくような歌い方は、当時としてはかなり斬新で、その音楽性にほれ込んだジョビンは、2ヵ

43

月後、ジルベルトのために「想いあふれて」をアレンジしてレコーディングし、1959年にリリースした。

このジルベルトの「想いあふれて」こそ、現在にいたるボサノヴァの歴史の原点とされている。

ボサノヴァという言葉は、もともとは、"新しい傾向"を意味するポルトガル語だが、この新ジャンルはすぐに学生たちの熱い支持を得るようになる。以後、ヂ・モライスとジョビンのコンビは次々にヒット曲を生み出していった。

2016年のリオデジャネイロ・オリンピック／パラリンピックのマスコットは、オリンピックが黄色いネコ科の（架空の）動物"ヴィニシウス"（図16）と、パラリンピックが南米の豊かな植物を象徴する"トム"（図17）だが、これはヂ・モライスとトム・ジョビンをイメージした組み合わせだ。現代ブラジル文化において、2人がいかに重要な地位を占めているかを物語るエピソードと言ってよいだろう。

さて、コルコヴァード鉄道の中では、軽快なリズムの演奏が始まって間もなく、一気に見晴らしがよくなり、ロドリゴ・デ・フレイタス湖とコパカバーナの海岸が見えてきた。

その後、演奏は終点の頂上に着く少し前まで続き、演奏が終わるとタンバリンの男がタンバリンをひっくり返してお皿代わりにして乗客から"おひねり"を集めていた。

左：図16　リオ五輪のマスコット・キャラクター、ヴィニシウス。

右：図17　リオ・パラリンピックのマスコット・キャラクター、トム。

キリスト像建立までの歴史

　コルコヴァードの駅（図18）で降りたのは、午後2時頃だったと思う。
　駅からキリスト像の足元までは、223段の階段（図19）を歩いて登っていくか、エスカレーターとエレヴェーターを使うか、選択することができたが、軟弱な僕は迷わずエレヴェーターを選んで、キリスト像の背中を間近に見上げられる場所まで移動した（図20）。
　リオの西側から市街地、そして海を見下ろすように建てられたキリスト像（図21・22）は、当然のことながら東を向いているので、逆光にならないように写真を撮りたいのなら午前中が良いことは百も承知だったが、後光が差したキリストの姿を拝みたかったから、あえて、昼食後に出かけたというわけだ。
　コルコヴァードの丘にキリスト像を建立しようというプランは、帝政時代の1850年代半ば、愛徳姉妹会（貧しい人々のはしため、聖ヴィンセンシオ・ア・パウロの愛徳姉妹会）のペドロ・マリア・ボス司祭が、皇皇女イザベラを称えるものとして提案したのが最初だといわれている。
　イザベラは1846年生まれだから、このプランが提案された当時は10代の少女だった。歴史に残る彼女の業績としては、1888年、糖尿病を患った父帝ドン・ペ

図18　1930年代のコルコヴァード駅からキリスト像方面へ向かう人々を取り上げた絵葉書。

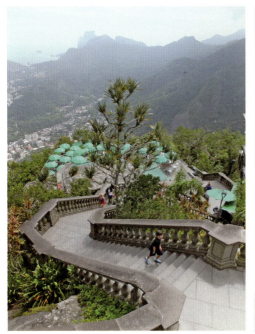
図19 コルコヴァードの丘の頂上に続く階段。

図20 キリスト像の背中を見上げる。

図21 グアナバラ湾を見下ろすキリスト像を背後から取り上げた切手のうち、2010年発行の切手（右）と1970年発行の切手（左）。

第 2 章　コルコヴァードのキリスト像

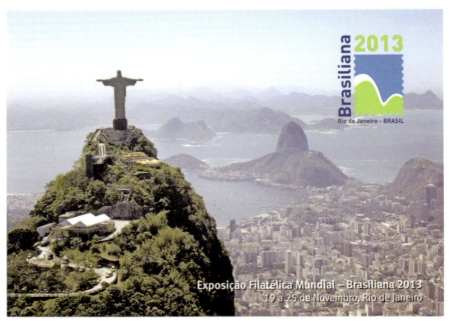

図22　リオ市街とポン・チ・アスーカルを見下ろすキリスト像を取り上げた絵葉書。

図23　共和制100周年の記念切手に取り上げられた絵画「共和制宣言」。

47

ドロ2世の摂政として奴隷廃止法に署名し、ローマ教皇レオ13世から"黄金のバラ"を授与されたことが挙げられる。しかし、彼女のリベラルな姿勢は地主の反発を招き、1889年に軍事クーデターが発生して、帝政は廃止されて共和制が宣言され（図23）、皇帝一家はフランスに亡命せざるを得なくなった。

ところで、ブラジル皇室はカトリックを国教と定めていたが、財政上の理由から、キリスト像の建設を許可しなかった。また、1889年の革命で誕生した共和国政府は、憲法で政教分離をうたっていたため、国家としてキリスト像を建立する道は閉ざされてしまった。

図24 チリ＝アルゼンチン国境のキリスト像を取り上げた絵葉書。

このため、教会は独自に建設費用を調達することにしたが、ようやく、ある程度の資金の目処がついたのは1921年のことだった。ちなみに、像の建設費用25万ドルは、現在の価値では330万ドルに相当する。

ときあたかも、翌1922年はブラジル独立100周年の記念すべき年だったから、キリスト像は独立100周年の記念事業として宣伝され、1923年に設立されたカトリック連盟が本格的に寄附金を募ることになった。

建設場所としては、ポン・ヂ・アスーカルも検討されたが、最終的に、当時の大統領エピタシオ・ペソアがコルコヴァードの丘の頂上に建立するゴー・サインを出している。

設計を担当したブラジルの建築家、エイトール・ダ・シウヴァ・コスタは、当初、チリ＝アルゼンチン国境の標高4000メートルの地点に立つキリスト像（図24）をモデルとすることも考えたが、最終的にキリスト自身を十字架に見立てたデザインとなった。

1955年7月17日に発行された"第36回聖体大会"の記念切手（図25）には、聖パスカリス・バイロンの背景にコルコヴァードの丘の遠景が描かれているが、丘の上の小さく見えるキリスト像は、たしかに、十字架のようにも見える。建築家は、夜明けの薄光の中でキリストを仰ぎ見ることで始まった一日が、沈みゆく夕日を背にしたキリストの姿で暮れていくことをイメージしながら、図面を引いたという。

図25　第36回聖体大会の記念切手。

ちなみに、切手に取り上げられた聖パスカリス・バイロンは1540年、スペインのトレルモサ生まれ。生家は貧しく学校に通えなかったが、独学で読み書きを学び、24歳でフランシスコ修道会に入った。修道院では毎日、聖体（ミサによってキリストの体に変えられたとされるパン）の前で祈っており、彼の聖体に対する信仰が篤く、ユグノー戦争最中の1570年にフランスに使した際には、新教徒側に捕えられ、数多の石礫を投げられたが胸元に傷を受けただけで助かったという。また、1592年に亡くなった際、葬儀のミサで聖変化（カトリック教会のミサで、祈りにより、パンとワインがイエス・キリストの体＝聖体・聖体血に変化すること）が行われると、彼の遺骸は2度も眼を見開いて聖体を仰ぎ見たという。

図27　組み立て作業中のキリスト像を取り上げた写真絵葉書。

図26 キリスト像の顔の部分。

図28 キリスト像完成50周年の記念切手。

このことから、パスカリスは1690年に聖人に列せられ、1887年以降、原則として4年に1度、カトリック教会によってキリストの聖体を研究する"聖体大会"が開かれるようになると、大会の聖人として選ばれた。1955年にリオで開催された第36回聖体大会の記念切手に彼の肖像が取り上げられたのも、こうした事情によるものである。

ダ・シウヴァ・コスタの設計ができあがると、キリスト像の実際の制作では、ルーマニア出身のゲオルゲ・レオニダがキリストの顔（図26）を作り、カルロス・オズヴァウヂが最終的なデザインを監修して、ポーランド出身のポール・ランドウスキが造形を担当した。

なお、フランスで作られた像は輪切りにして運ばれ、現地で、鉄筋コンクリートの基礎から上部に向かって順番に組み立てて、頭、両腕、両手をつけ加え、最後に、表面にリオデジャネイロ州の北隣にあるミナスジェライス州産の石鹸石を表面に貼って仕上げている（図27）。

1931年10月12日に完成したキリスト像（図28）は、高さは30メートル（台座を含めると38メートル）、両手を広げた長さが28メートル。その大きさは、奈良の大仏のおよそ2倍という堂々たる巨躯である。

完成式典は1931年10月4日から12日まで続き、カトリックの集会のみならず、無線電信の開発で知られるマルコーニ（図29）がローマのオフィスから無線を利用して、キリスト像の照明に点灯するパフォーマンスも行われ、カリオカたちの喝采を浴びた。なお、現在のように、キリスト像の夜間ライトアップ（図30）が常態化するのは、翌1932年、ブラジルの大手日刊紙『オ・グローボ』が照明機

図30 ライトアップされたキリスト像。

図29 1974年にブラジルが発行した"マルコーニ生誕100周年"の記念切手は、1931年のパフォーマンスにちなんで、コルコヴァードのキリスト像と両国旗を組み合わせたデザインになっている。

材を寄贈してからのことである。

　夜空のキリスト像ということでいえば、僕が思い出すのは、1959年11月19日に発行された"感謝祭"の切手（図31）だ。

　一般に、感謝祭というと、英国から北米マサチューセッツ州のプリマス植民地に移住したピルグリム・ファーザーズの最初の収穫を記念する行事として、毎年11月の第4木曜日に七面鳥の丸焼きなどを囲んでパーティーを行う、米国とカナダのお祭りという

図31 1959年の"感謝祭"の切手に取り上げられたコルコヴァードのキリスト像。地球の上に立つキリスト像の背景には南十字星が。

イメージが強いのだが、キリスト教文化圏では、秋の収穫祭を"感謝祭"の名目で行う地域も少なくない。ブラジルもその一つで、農業の実りを神に感謝する日として、南十字星を背負って、地球にそびえ立つキリスト像の切手が発行されたわけだ。

　実際の夜空で、この切手のような角度で南十字星が見えるのかどうかはわからないが（おそらく、無理だろうと思うが）、版画調の青一色で刷られた切手は、なかなかいい味を出しているように思う。

　なお、コルコヴァードのキリスト像を取り上げた最初の切手は、1934年、パ

第2章　コルコヴァードのキリスト像

図32　パチェッリ枢機卿ブラジル訪問の記念切手の初版。　図33　同2版と雲の部分の拡大図。　図34　同3版と雲の部分の拡大図。

チェッリ枢機卿（後のローマ教皇ピウス12世）のブラジル訪問を記念して発行された。

　切手は上空から雲を背負ったキリスト像を見下ろす構図で、300 ヘアイスと700 ヘアイスの同図案・色変わりである。このうち、300 ヘアイスには3つの版があって、初版（図32）がワイン・レッド、2版（図33）がチェリー・レッド、3版（図34）が朱色と微妙に刷色が異なっているので識別できる。また、2版と3版は色が似ているが、初版・2版と違って、3版にはキリストの左肩の上の雲に筋が入っていて、雲の形状が異なっているので、そこに注目すると区別は容易である。

キリストの足元には花魁がいた

　キリスト像の背後から正面に回ると、像の足元に続く階段の前では、多くの観光客（僕もその一人なのだが……）が像の全体像を収めようと地面に寝そべったり（図35）、像と同じポーズで写真を撮ったりしていて、ごった返している（図36）。中には、文字通り、偉大なるキリスト像を前に仰天しているというわけだ。

　一方、像の足元にある展望スペースからは、霞のむこうにリオの町並みと海岸線が一望できる（図37・38・39）。もともと、1884年に開業したコルコヴァード鉄道は、この景色を見るために展望台へと上ってくる人たち（図40）の交通手段だったわけだが、なるほど、これはキリスト像がなくても一見の価値がある絶景だ。

図 35　キリストの全体像をカメラに収めようと地面に寝そべる女性。

図 36　キリスト像前の階段は観光客であふれかえっている。

図 37　丘の上から見たポン・チ・アスーカル方向の風景。

第 2 章　コルコヴァードのキリスト像

図38　"第4回世界青年バプティスト会議"の記念切手（1953年発行）には、図31とほぼ同じ角度のポン・チ・アスーカルを取り上げられており、コルコヴァードの丘からの風景であることがわかる。

図39　丘の上から見た、マラカナン競技場方向の風景。

図40　キリスト像完成以前の展望台から下界を見下ろす人々を取り上げた絵葉書。

55

図41　磔刑のキリスト像　　　　図42　コルコヴァード鉄道の駅で見かけた花魁のタトゥーの女性。

　展望スペースを一回りしてキリスト像の裏側に回ると、台座をくりぬいた格好で小さな礼拝スペースがあった。祠の中には、オーソドックスなスタイルの磔刑のキリスト像が掲げられていたが（図41）、信仰心のない僕は、それを見て、ついつい、十字架のキリスト像のマトリョーシカ人形を連想してしまう。

　キリストの足元には30分ほどいて、下界に戻ることにした。

　下りの電車を待っている間、ふと、前のベンチの女性が背負っているタトゥーの花魁と目があった（図42）。花魁の表情が、どことなく"日本人離れ"しているのが、いかにも外国で見かけるキッチュな"ニッポン"の風情を醸し出している。これを不愉快と思うか、旅先の風景として面白がれるかどうかは、人それぞれだろう。

　2014年の時点で総人口2億人強のブラジルには、約160万人ともいわれる世界最大の日系人コミュニティがあり、サンパウロなどでは、ホンモノの日系人を目にすることも決して珍しいことではない。

　ちなみに、ブラジルに日本人の移民集団が初めて上陸したのは、1908年6月のことだから、100年以上の歴史がある。

　明治政府は、近代国家建設のために財源として地租を重要視したことから、地租を払えず、強制処分により農地を手放さざるを得なくなった農民が続出した。しかし、当時の日本社会には、そうした人々を他の産業で吸収できるだけの余裕がなかったため、政府は彼らを海外に移住させることで問題の解決をはかろうとした。一方、農民の中にも、政府が行った海外移民募集に応募し、海外で成功を

収めて故郷に錦を飾ろうと考える者も少なくなかった。

　こうしたことから、19世紀末には、ハワイや米本土への移民が急増したが、日本が日露戦争に勝利を収めたのをきっかけに、米国内で深刻な黄禍論が巻き起こる。その結果、主として米国西海岸で排日運動が激化し、1907年、米国政府は、実質的に日系移民を制限する内容に移民法を改正。さらに1908年、「日米紳士協約」によって、ハワイへの日本人移民も厳しく制約されてしまった。

　こうした状況の中で、1906年、ブラジルに渡っていた水野龍は、現地コーヒー農場の労働者が慢性的に不足していたことに目をつけ、サンパウロ州のコーヒー耕地への日本人農民の大規模な移民計画を立案。皇国殖民合資会社を設立し、サンパウロ州政府と移民契約を結んで日本からの移住者を募った。

　水野の計画は、米国とハワイに代わる移民の送り先を探していた日本政府の意向とも合致していたことから、外務省は鹿児島、沖縄、熊本の各県知事に協力を要請。皇国殖民合資会社はブラジルの名に「舞楽而留（舞い楽しんで留まる）」の漢字を当て、一部の地域では群会議員までをも動員して「家族3人で働けば、生活費など差し引いても1ヵ月で百円は残る」と移民の夢をかきたてた。

　この結果、ブラジル政府から補助金を受けた"契約移民"781名・165家族と、ブラジル政府の補助金を受けていない"自由移民"10名が、数年で帰国することを夢見て、1908年4月28日、笠戸丸でブラジルへ向けて神戸港を出港した。そして、同年6月18日、サンパウロ市の外港、サントスに到着した移民たちは、いくつかのコーヒー農場に分かれて、1年毎の契約で働き始めた。これが、ブラジルにおける日系社会の始まりである（図43）。

　しかし、移民たちを待ち受けていたのは、事前の宣伝文句とは裏腹の重労働と劣悪な環境だった。また、笠戸丸がブラジルに着いた6月は、コーヒーの収穫がほとんど終わっていた上に、コーヒーの値段も暴落していたため、収穫量の歩合制で賃金契約を結んでいた農民たちはほとんど収入を得ることができず、農園を離れてサンパウロ市内でメイドや大工などをして働く人が続出。追い討ちをかけるように、移民を請け負った皇国殖民合資会社が資金難から倒産し、移民の預入金はほとんど返済されないことになってしまった。

　こうした惨憺たる状況は、当時、日本国内にはほとんど伝えられず、その後も、1910

図43　笠戸丸とブラジル地図を描く"ブラジル移住50年"の記念切手。

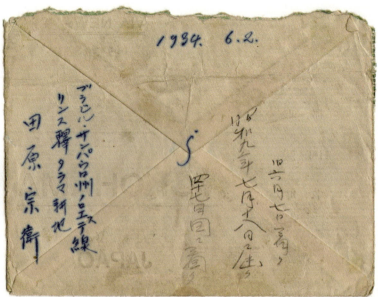

図44　ブラジルの日系移民が日本宛に差し出した郵便物とその裏面。差出人の住所表示は、ブラジル・サンパウロ州ノロエステ線リンス駅タラマ耕地で、地番が全く書かれておらず、広大な農場に住み込みで働いていたことが推測できる。また、封筒の表面にはあらかじめ、YOKOHAMA JAPAOとの表示や日本語での住所表示を行うための県名や郡名の記載欄が印刷されており、この種の封筒がブラジル日系移民向けに大量に作られていたことがわかる。

第2章　コルコヴァードのキリスト像

図45　ヴァリグ・ブラジル航空・ブラジル＝日本間直行便就航記念の切手。

年の旅順丸移民をはじめ、多くの日本人がブラジルに移住。日系移民たちは、あらゆる辛酸を舐めながらも、次第にブラジル社会において確固たる地位を築いていったというわけだ（図44）。

アンジェロ・イシによると、現在のブラジル社会での日本人・日系人の一般的なイメージは、小柄で（ブラジルの小噺、ピアーダでは、日本人男性はペニスが小さいというネタが定番である）、勤勉で一生懸命勉強する（1970〜80年代には「日系人を一人殺せば、大学入試に合格する確率がその分増える」というジョークが受験生の間で流行ったという）がコミュニケーション能力を要する仕事や身体能力を要するスポーツには向かない（サッカーが下手だという意味で、「日系人は木の足をしている」といわれることもある）ということのようだ。

おそらく、タトゥーを背負った彼女が日常的に接している現実の日系人も、おおむねそうしたイメージに合致するのではないかと思うが、それでも、"フジヤマ・ゲイシャ"のイメージには、それらをすべて吹き飛ばしてしまうほどのパワーがあるのだろう。

実際、1968年に発行された"ヴァリグ・ブラジル航空・ブラジル＝日本間直行便就航記念"の切手（図45）に描かれている日本女性も、着物姿がなんとなく不自然で、ハイヒールを履いているようにも見える。もちろん、ブラジルの切手デザイナーだって、1988年に発行の"日系移民80周年"の記念切手（図46）のように、リアルな日本人の姿を描くことは可能なのだろうが、それではやはりデザイン上の面白みがないということなのかもしれない。

ちなみに、切手の題材となったヴァリグ・ブラジル航空はブラジル最古の航空会社で、社名は"リオ・グランデの航空会社"を意味するポルトガル語の"Viação Aérea Rio-Grandense S/A"の頭文字を取ったものだ。前身は、1927年5月7日に創

図46　"日系移民80年"の記念切手。

立のポルト・アレグレ商事会社で、最初のフライトは、リオグランデ・ド・スル州のポルト・アレグレからペロタス経由リオ・グランデ行きの便で、飛行機は12人乗り（乗務員3人＋乗客9人）だった。

　第二次大戦後、ヴァリグは急速に路線を拡大し、南米最大の航空会社に成長したが、ヨハネスブルグ経由香港線やバンコク線、コペンハーゲン線など、採算の悪い長距離路線を多く抱えていたことに加え、労働組合が強く高コスト体質を改善できなかったことや、格安航空会社との競争にさらされたことなどから、経営は次第に傾き、2005年6月に破産。2007年3月には格安航空会社のゴル航空に買収されている。

　こんなふうに、目の前の花魁のタトゥーを見ながら、電車が来るのを待つ間、僕はいくつかの切手を思い浮かべながら、あれこれ考えていた。

　いずれにせよ、聖書には、"罪深い女"がイエスの足元に香油を注いで自らの髪でそれを拭ったとのエピソードが出てくるが、まさか、2000年以上も後のリオで、自分の足元に鼈甲の簪を差した花魁が座っている風景など、さすがの神の子にも想像できなかったに違いない。

　アントニオ・カルロス・ジョビンが作詞・作曲した名曲『コルコヴァード』には、こんな一節がある。

　　窓からはコルコヴァードの丘が見える
　　キリストの像がきれいだ
　　命の灯が消えるその日まで、こんな風に君が僕の隣にいる
　　そんな人生がずっと続いていてほしい

　この曲を描いた当時、ジョビンはリオ市内のナシメント・シルヴァ街107番地のアパートに住んでいて、毎日、夕暮れ時にキリスト像が「ライトアップされ、広げた両腕が、まるでリオの町全部を祝福してみえる景色」をピアノに座って眺めるのが習慣だったという。

　タトゥーの彼女が寄りかかっている男は、あと数時間後には、夕暮れ時にライトアップされたキリスト像を窓から眺めながら、この歌詞のような気分に浸るのかもしれない。ただし、『コルコヴァード』の歌詞と違って、彼と彼女の間には、もう一人、タトゥーの花魁も鎮座しているのだけれど。

第3章　コパカバーナからイパネマへ

コパカバーナ

　子供の頃に聞いた"コパカバーナ"という言葉には、どこか淫靡な雰囲気が漂っていた。大人たちの会話に出てくる"コパカバーナ"といえば（多くの場合、"コパ"と訳されていたように記憶している）、リオデジャネイロのビーチではなく、東京・赤坂のナイトクラブのことで、そこで働いていた根本七保子という女性がインドネシアのスカルノに戦後賠償の一つとして"献上"され、デヴィ・スカルノと名乗っているという話を聞かされるたびに、子供心に、どこか「赤い靴」の異人さんに連れられて行った少女や、"からゆきさん"の物語にも通じるものがあるように感じられたからだ（後に、TVタレントと化した彼女の醜態を見せつけられるようになると、そうしたイメージは跡形もなく霧消したが）。

　小学校の高学年になると、洋楽も聞くようになったが、その頃、バリー・マニロウのヒット曲『コパカバーナ』がラジオから盛んに流れていた。その歌詞の内容が、ニューヨークのナイトクラブ"コパ

図1　バリー・マニロウの歌にも取り上げられたニューヨークのクラブ"コパカバーナ"の宣伝用の絵葉書。表示されている料金（平日1人8ドル50セント、土曜日9ドル50セント）から、1950年代末から1960年代初頭のものと推定できる。

図2　コパカバーナのビーチ。コパカバーナ・パレスの前から、左：北東方向、中：正面の沖合、右：南西方

カバーナ"（図1）を舞台にした悲恋だと知って、なるほど、赤坂のクラブはニューヨークの真似をしたのだと思い至ったのだが、それがビーチの名前であるとはまだ気がつかなかった。

　さらに高校生の頃、アイドル歌手（当時）の松本伊代が『太陽がいっぱい』で「コパカバーナ　あやしいふたり　コパカバーナ　噂がひとつ」と繰り返していたのを聞いて、コパカバーナ＝妖しげな雰囲気というイメージが僕の中ではより強くなった。

　だから大学院生の頃、ポレールワイン・クレアのCMで小野リサを知り、彼女のCDを借りてきて、ようやく、コパカバーナは太陽の降り注ぐリオのビーチ（図2）だと知ったときには、ビックリすると同時に、自分の無知を大いに恥じたものだ。

　コパカバーナとは、もともとは、アフロディーテやヴィーナスのように"美の女神"を意味するアイマラ語（ボリビアとペルーの公用語の一つ）の"コタ・カワニャ"が転訛した地名で、ティティカカ湖に面したボリヴィアの都市の名前だ。

　こちらのコパカバーナは、かつてのインカ帝国時代、ティティカカ湖に浮かぶ"太陽の島"への巡礼の拠点で、太陽神の神殿が置かれた聖地だった。

　ところが、16世紀にこの地を征服したスペイン人はインカ時代の神殿を破壊し、その場所にカトリックの教会を建立。先住民の職人、ティト・ユパンキに幼いイエスを抱いて葦船に乗った聖母像（図3）を作らせた。地元の先住民は、やむ

向を望む。

を得ず、インカ時代の神殿に代わってこの聖母像に祈るようになったが、聖母像の霊験はあらたかで、祈りを捧げた善男善女は病気が治ったとか船が難破しても助かったなどの噂がボリヴィアの領域を越えてラテンアメリカ全域、さらにはスペイン本国にも広まるようになり、17世紀初めには大規模な聖堂が建立されることになった。

その"コパカバーナの聖母"を祀る礼拝堂が、18世紀半ばにリオの海岸沿いに建てられ、いつしか、その周辺一帯も現在のようにコパカバーナと呼ばれるようになった。

リオのコパカバーナは、もともとは、先住民の言語であるトゥピ語で"ソコス（鳥の名前）の道"を意味する"サコペナパン"と呼ばれていたという。

図3　ボリヴィアの"元祖"コパカバーナの聖母像。

63

ユダヤ系ブラジル人とカルサーダス

リオのコパカバーナ海岸は南端のコパカバーナ要塞から海岸沿いのアトランチティカ通りを弧に沿って北東に約3キロ先のプリンセサ・イザベル通りまでのビーチを指すのが一般的だが、さらにその東側1キロほどのレーメ海岸を含めることもある。

アトランティカ通りにはヤシの木とカルサーダス（ポルトガル風の石畳の装飾）があって（図4・5・6）、いかにも南国の風情が感じられるのだが、ホベウト・ブーレ・マウクス（英語風にロバート・ブール・マルクスとも）のデザインによるカルサーダスが

図4　1968年の第3回国際フォークソング・フェスティヴァルの記念切手には、アトランティカ通りのカルサーダスとポン・チ・アスーカル方向に楽譜を組み合わせたデザインになっている。

図5　アトランティカ通りのカルサーダスの上を歩く人々。

完成したのは、リオの歴史の中では比較的新しく、1970 年のことだ。

　カルサーダスをデザインしたブーレ・マウクスは、1908 年、サンパウロで生まれた。父親のヴィルヘルム・マルクスはドイツ・シュトゥットガルト出身のユダヤ系ドイツ人、母親のセシリア・ブーレはブラジル北東部ペルナンブーコ州出身の富裕なフランス系カトリック家庭の出身である。

　ブーレ・マウクスの出自は、ブラジルにおけるユダヤ人の歴史を考えると、なかなか興味深い。

　カブラルによるブラジル発見は 1500 年の出来事だが、1502 年には、ユダヤ人の集団がブラジルに移住し、商品としてサトウキビを栽培していたとされている。

　1517 年にマルティン・ルターが宗教改革の口火を切り、以後、欧州ではカトリックとプロテスタントの血で血を洗う宗教戦争が繰り広げられたが、その過程で、カトリックの牙城であったイベリア半島では異教徒のユダヤ人に対する苛烈な迫害が横行した。このため、彼らの中には生命の危険を感じてブラジルへ逃れる者も少なくなかった。

　一方、プロテスタントが支配的な国際商業都市のアムステルダムでは、ユダヤ人に対しても信教の自由が認められていたため、多くのユダヤ人が生活していた。そして、豊かなユダヤ系商人の中には、オランダの東西インド会社に投資する者も少なくなく、1630 〜 54 年には、当時、オランダ西インド会社の拠点であったレシフェ（ペルナンブーコ州の州都）にも多くのユダヤ人が移住した。なお、1654 年にオランダ西インド会社はレシフェから撤退し、ポルトガル人がこの地を支配するようになると、それを嫌って 23 人のユダヤ人が北米のニューアムステルダム（現ニューヨーク）に逃れる。これが、現在のニューヨークにおけるユダヤ人コミュニティの起源となった。

　ポルトガル支配下のブラジルでは、1581 年以降、宗教裁判官が派遣され、ユダヤ教徒は迫害の対象となったため、ユダヤ人はユダヤ教の信仰を隠し、非ユダヤ人（ユダヤ教徒）との通婚も進んだため、ユダヤ人の多くは、ユダヤ教からカトリックに改宗し、次第にブラジル社会への同化が進んで行った。

　1830 年代になると、ユダヤ系ドイツ人たちの間で、安価な土地と新興都市でのビジネスチャンスを求めて南北アメリカへの移住がさかんになり、その一部はブラジルにも渡った。1822 年に独立したブラジル帝国は、1825 年に制定した憲法でカトリックを国教と定めていたが、その一方で国民の信仰の自由も認めていたため、ユダヤ系移民にとっては生活しやすい環境にあったといってもよい。

図6 カルサーダスのほぼ全体像を収めた空撮写真。

第3章　コパカパーナからイパネマへ

ブーレ・マウクスの父ヴィルヘルムは、まさにそうした状況にあったブラジル
に渡ったため、カトリックの名家出身の女性との結婚も可能であったのだろう。
また、彼女の実家が、ユダヤ系ブラジル人にとってはゆかりの地であるペルナン
ブーコ州の出身であったということも、おそらく、ユダヤ人との結婚に対する抵
抗感を和らげる一要因になっていたのではないかと思われる。

なお、1880年代以降、帝政ロシアの支配地域でポグロム（流血を伴う反ユダヤ
暴動）が頻発したため、ロシア・東欧のポグロムを逃れたユダヤ系移民の海外脱
出が相次ぎ、ブラジルにもロシア系ユダヤ人が多数流入するようになる。彼らの
多くは、すでにブラジル社会に定着し、ある程度の成功を収めていたドイツ系ユ
ダヤ人の経営する農場や企業で働き、1930年までには、その数は2万人を数え
るほどになった。

しかし、1930年、ブラジルでは国籍法が改正され外国からの移民に大きな制
約が課せられることになる。さらに、1937年には、極秘指令により、ユダヤ系移
民の受け入れが全面的に拒絶され、以後、1945年に第二次大戦が終結するまで
ユダヤ人のブラジルへの移住はストップした。

さて、ブーレ・マウクスは、当初、画家を目指して父親の祖国であるドイツ・
ベルリンに渡り、絵画を学ぶ一方でベルリンのダーレム植物園に足繁く通って植
物についての造詣も深めていった。

1930年、ドイツから帰国した彼は、リオの国立美術学校に入学し、1932年に
は学内審査会で金賞を受賞。同年、故郷のサンパウロに戻り、自宅周辺の植物を
収集し、熱帯原産の植物に合うよう土壌を改良して、欧州スタイルの緑豊かな庭
園に仕上げて、最初の作品"マウクス自邸"を発表した。

この作品が高く評価されたことで、造園家、環境デザイナーとしての地位を確
立。ブラジル文部省庁舎屋上庭園（1937年）、ブラジル再保険協会庁舎屋上庭園
（1939年）など、公的機関の庭園を手がけるようになる。1954年にはブラジル大学
建築学科風致計画学担当教授に就任するとともに、翌1955年、環境デザインの
スタジオを設立し、1960年の新首都ブラジリア建設に際しては、オスカー・ニー
マイヤーが設計した公共施設の景観設計ならびに庭園設計に協力したほか、1965
年にはリオのフラメンゴ公園の造成も手掛けている。

1970年のアトランティカ通りのプロムナード景観設計は、そんな彼の代表作の
一つで、曲線のパターンを取り込んだスタイルは、ブラジル先住民の伝統的な文
様を取り込んだものだという（図7・8）。

図7 ブーレ・マウクスによるアトランティカ通りの設計スケッチ。

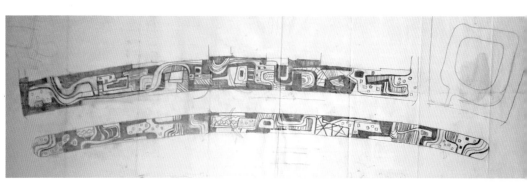

図8 同じく、アトランティカ通りのカルサーダスのパターン下図。

第3章　コパカバーナからイパネマへ

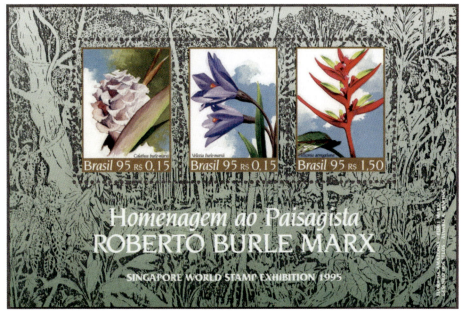

図9　ブーレ・マウクスを称えて発行された追悼切手。

　ブーレ・マウクスは1994年にリオで亡くなり、翌1995年には、彼を称える追悼切手も発行（図9）された。
　切手は植物を取り上げた3種セットだが、これは、リオデジャネイロ郊外バーラデ・グワラティーバの36万5000平方メートルの広大な土地に集められた、彼の庭園用植物のコレクションが、ブラジル政府により、国定記念物に指定されていることを踏まえたものだが、僕の個人的な好みとしては、天然の造化の妙としての植物ではなく、彼自身の創作であるコパカバーナのカルサーダスの方が切手の趣旨にかなっていたのではないかと思えてならない。

コパカバーナ・パレス

　さて、コパカバーナ海岸の北東端にあたるプリンセス・イザベル通りとの交差点からアトランティカ通りに沿って南西方向に歩いていくと、すぐに、脇道のロナウド・デ・カルヴァーリョ通りで、肉や魚、果物や花などの青空市をやっているのを見かけたので、寄り道して冷かしてみる（図10）。

69

図10　ロナウド・デ・カルヴァーリョ通りでの青空市の屋台。

　炎天下で鶏肉や豚肉をそのままぶら下げていて、衛生上問題はないのだろうかとついつい不安になるが、ホテル滞在中の身としては、自分で肉を買ってきて調理することもないので心配しても仕方がない。
　とはいえ、せっかくだから、地元ならではの食べ物を何か一つくらい買ってみようかとあたりを見回していたら、果物の屋台の親父が商品のグラビオーラにナイフを入れて、食ってみろと差し出してきた（図11）。
　グラビオーラは南米原産の果物で、日本語ではトゲバンレイシと呼ばれることもある。不格好な卵形で、表面は緑色で棘があるのが特徴で、中の果肉は白く甘酸っぱい。日本ではなかなか見かけないが、ブラジルをはじめ、熱帯の国々では

第3章　コパカバーナからイパネマへ

図11　グラビオーラを勧めてきた屋台の親父。　　図12　小銭に両替してくれた親切な女性。

ポピュラーな果物で、そのまま食べるほか、ジュースやアイスクリームにも加工される。また、樹皮や葉にも免疫機能を高める働きがあるとされることから、最近では、通販のサプリにも使われている。

　なるほど、これなら地元の果物だと思い、味見をさせてもらったグラビオーラを少しもらっていくことにした。

　適当に量ってもらい、紙袋に包んでもらったところで代金を支払おうとしたら、微妙に小銭が足りないことに気がついた。

　ATMから引き出してきたばかりの100ヘアイス札なら何枚かあるが、さて、どうしたものかと思っていたら、近くにいた通りすがりの女性（図12）が50ヘアイス札と10ヘアイス札を混ぜて両替してくれたので助かった。

　グラビオーラの紙袋をカバンに入れて、再び、アトランティカ通りに戻り、道なりに進んで行くと、すぐに、コパカバーナ・パレス（図13）が見えてきた。

　コパカバーナ・パレスは、ニースのネグレスコ・ホテルをデザインしたフランス人ジョセフ・ジルの設計で1923年に創業した。リオのみならず、南米で最も格式が高いホテルとされており、英国のチャールズ皇太子とダイアナ妃（当時）、南アフリカのネルソン・マンデラ大統領をはじめ、多くのセレブが宿泊したことでも知られている。

71

図13 コパカバーナ・パレス。

図14 第二次大戦中の1942年にコパカバーナ・パレスからシカゴ宛の封筒。

僕の手元には、第二次大戦中の 1942 年にコパカバーナ・パレスの宿泊客が米シ
カゴ宛に差し出した郵便物（図 14）がある。切手は貼られておらず、料金はメー
ター・スタンプで納付されているのだが、メーター・スタンプには王冠の入った
ホテルのマークが印字されていてなかなかカッコいい。また、住所表示も、く
どくどと番地を書かず、"アトランティカ通り"としか書いていないのは、「東京
帝国ホテル」とだけ書けばそれだけで十分なのと同じで、最高級ホテルとしての
格式を見せつけているかのようだ。

ブラジルが連合国の一員として第二次大戦に参戦したのは、1942 年 8 月 22 日。
この郵便物が差し出されたのは、それから約 10 日後の 9 月 2 日のことだ。すで
に、米国は前年の真珠湾攻撃を機に戦争に突入しており、この郵便物も米国に到
着した時点で開封され、当局の検閲を受けているのだが、コパカバーナ・パレス
の中では、そうした外界の騒ぎとは無関係に、ゆったりとした時間が流れていた
のかもしれない。

叛乱の舞台となった要塞

その後も僕はアトランティカ通りを道なりにのんびりと南下し、小一時間ほど
で南端のコパカバーナ要塞に到着した（図 15）。

コパカバーナ要塞の場所には、もともと、コパカバーナの地名の由来となった
"コパカバーナの聖母"の礼拝堂（図 16）があったのだが、1908 年、ブラジル陸
軍は首都の海防拠点の建設を開始し、1914 年、クルップ社製の 305 ミリ砲 2 門、
190 ミリ砲 2 門を備えたコパカバーナ・イグレジーニャ要塞が完成した。

ところが、1922 年、コパカバーナ要塞は首都の防衛という本来の役割とは逆に、
青年将校による叛乱の舞台になってしまう。

1889 年にブラジルは帝政から共和制に移行したが、その実権を握っていたの
は、大農場の経営者たちだった。なかでも、コーヒーの産地として知られるサン
パウロ州と畜産・酪農で知られるミナスジェライス州の農園主は連合し、1894 年
のプルデンテ・デ・モライス大統領の就任以後、1930 年まで 9 人の大統領のう
ち 7 人が 2 州いずれかから選ばれる "カフェ・コン・レイテ" 体制が続いた。カ
フェはコーヒー、レイテはミルクの意味である。

日本でいえば明治の薩長閥のようなもので、当然のことながら、2 州以外の諸
州や軍部の不満は強かった。

図15　コパカバーナ要塞の門。

図16　20世紀初頭のコパカバーナの礼拝堂。

74

こうした状況の下で、1922年の大統領選挙に、ミナスジェライス共和党からアルトゥール・ダ・シウヴァ・ベルナルデスが出馬を表明すると、エルメス・ダ・フォンセカ元大統領がベルナルデスは"反軍思想"の持ち主であるとの批判を展開する。

エルメス・ダ・フォンセカは、共和国初代大統領のデオドロ・ダ・フォンセカの甥で、リオ・グランデ・ド・スル州出身の陸軍元帥。1910〜14年には"カフェ・コン・レイテ"体制の枠外から大統領になったこともある。大統領退陣後はヨーロッパで生活していたが1922年1月に帰国し、陸軍クラブの議長に就任していた。

結局、3月1日に行われた大統領選挙では、ベルナルデスの対抗馬として、リオ・グランデ・ド・スル州の呼びかけでリオデジャネイロ、バイーア、ペルナンブーコの各州が野党連合を結成し、ニロ・ペサーニャ元大統領（リオデジャネイロ州出身。ミナスジェライス州出身のアフォンソ・ペナ大統領の死去に伴い、副大統領から昇格し、残りの任期の1909〜10年に大統領を務めた）を擁立し、軍部もこれに暗黙の支持を与えたが、最終的にベルナルデスが当選し、同年11月14日のエピタシオ・ペソア大統領（ミナスジェライス州出身）の任期切れを待って新大統領に就任することが既定の路線となる。

この結果に不満なフォンセカは、各将軍に「良心にもとづいて行動せよ」と呼びかけるとともに、ペルナンブーコ州の州都レシフェの司令官に政府命令への不服従を訴えた。

このため、ペソア政権はフォンセカを逮捕し、陸軍クラブを6ヵ月間にわたり閉鎖する。

これに対して、7月5日、フォンセカを支持するコパカバーナの守備隊約300名が、エウクリデス・エルメス・ダ・フォンセカ大尉の指揮の下、大統領選の結果に不満を唱えてコパカバーナ要塞に籠城すると、ペソア大統領は直ちに叛乱鎮圧を命令。エルメスが捕えられると、アントニオ・デ・シケイラ・カンポスが代わりに指揮を取り、要塞を包囲した3000名の政府軍に抵抗した。

しかし、政府軍は2隻の戦艦、サンパウロ、ミナスジェライスをコパカバーナに派遣。翌6日、サンパウロからの砲撃で要塞は大きな打撃を受け、叛乱部隊は降伏を余儀なくされた。なお、降伏命令に従わず、16人の将校がコパカバーナ海岸を行進したが、その大半は政府軍によって射殺された。

こうして、コパカバーナの叛乱は短期間で鎮圧されたが、以後、若手将校の叛

図17 コパカバーナ要塞の入口の兵士、手前の衛兵はクラシックで装飾的な制服、後ろは現代の機能的な軍服の兵士。

図18 要塞の敷地内に置かれていた歩兵砲。背後にはコパカバーナ海岸とポン・チ・アスーカルも見える。

第 3 章　コパカバーナからイパネマへ

図 19　グアナバラ湾でマリンスポーツを楽しむ女性。

乱が各地で発生。11 月に発足したベルナルデス新政権は、4 年の任期中ほとんどすべての時期において戒厳令を施行せざるを得なくなった。

　その後も、1964 〜 85 年の軍事独裁政権の時代には、政治犯の収容所として使用されるなど、要塞には、"太陽の降り注ぐ明るいビーチ"という周辺の外界とは大きく異なる、暗い歴史がある。

　現在の要塞は、一部が軍の施設として使われているものの、基本的には要塞としての機能はなく、コパカバーナ湾を一望できる観光スポットになっている。入口に、クラシカルな制服に銃剣を持った兵士と、現在の機能的な軍服姿の兵士が並んでいるのは、そうした施設の性質をよく表している（図 17）。

　敷地の中からは、ポン・ヂ・アスーカルを背景にしたコパカバーナ海岸の絶景を楽しむことができるが、ところどころに置かれたクルップ砲が、景観の良いアクセントになっている（図 18）。海岸の砂浜から見ると、要塞のある岬は少し沖の方に突き出した感じなので、マリンスポーツを楽しむ人たちの姿もしっかり見えるのがよい（図 19）。

　道なりに奥に進んで行くと、敷地の突端には銀色の大砲（図 20）があった。普段は海の方を向いているこの大砲が、1922 年の叛乱の時には、市街地の方を向いていたというわけだ。

77

図 20　敷地の一番奥にあった大砲。

図 21　博物館の入口。

78

第 3 章 コパカバーナからイパネマへ

図 22 陸軍歴史博物館の中の司令部の再現展示。

　大砲の手前を少し入ったところは、元の礼拝堂を改修して、陸軍歴史博物館のスペースになっていて（図 21）軍に関する若干の展示（図 22）とともに、コパカバーナの地名の由来となった聖母像を祀るスペース（図 23）があった。
　コパカバーナの海岸を訪れる人の中で、要塞まで足を運ぶ人は必ずしも多くはないが、そのなかでも、聖母像を拝みに来る人はさらに少ないようで、僕が訪ねたときは他に誰もいなかった。
　静まり返った礼拝堂の中で、青白い光の中に置かれた聖母像（図 24）は、切手で見知っていたボリヴィアの像に比べて顔立ちが西洋風で、表情も少し穏やかな印象を受けた。聖母が僕を歓迎してくれたかどうかは定かではないが、ひんやりとした礼拝堂の空気は海岸沿いをずっと歩いてきて火照った体に心地よい。
　しばらく礼拝堂の椅子に腰かけて休んでから、ポケットを探って、さっきグラビオーラを買った時にもらった釣銭の小銭を献金箱に入れ、聖母像に手を合わせた。霊験あらたかな像なのだから、なにか具体的な願い事でもすればいいのだが、こういう時に限って何も気の利いた願い事が思い浮かばない。

図24 コパカバーナの聖母像。

図23 要塞内の聖母像を祀る礼拝スペース。

　とりあえず、今後の道中の無時と家族の健康を祈って顔を上げて、聖母の顔をもう一度よく見たら、どこかで見覚えのあるような気がしてきた。ふと思いついて、デジカメの画像をチェックしてみたら、さっき、市場で小銭に両替してくれた女性になんとなく雰囲気が似ていることに気がついた。

　聖母の顔は、それぞれの地域で、地元の女性のイメージで制作するのだろうから、目の前の聖母像と彼女が似ていても不思議はないのだが、もしかすると、僕がこの日に礼拝堂に来たというのも何かのお導きだったということなのかもしれない。

イパネマ

　博物館を出て、少し日の傾いた屋外に出て、要塞の門の方へと歩いて行ったら、敷地内にあるレストラン、コロンボ（セントロにある名店の支店だ）の前で、客寄せ

第3章 コパカバーナからイパネマへ

図25 要塞内のレストラン、コロンボの前での弾き語りのパフォーマンス。

図26 イパネマ・ビーチでの海水浴の女性。

のアトラクションなのだろう、男がギターでボサノヴァの弾き語りをしていた（図25）。

　これから向かおうとしているイパネマは、ボサノヴァ史上最大のヒット曲、「イパネマの娘」の舞台となった場所。要塞のあるコパカバーナの南端から西へ500メートルほど行ったところからはじまる海岸（図26・27）とその周辺の高級住宅街を指す地名で、行政上は"リオデジャネイロ市イパネマ区"となる（図28）。

　もともと、イパネマという言葉は、先住民のトゥピ語で"嫌な臭いのする（upaba）湖（nem）"または"悪い水（y：水＋panema：悪い）が語源と考えられている。

　なるほど、リオ五輪では、セーリングやトライアスロン、水泳のオープンウオーターの競技会場であるグアナバラ湾の水質汚染がかなり深刻な問題となっていて、選手たちが参加をためらうほどだが、この地がイパネマと呼ばれるようになった19世紀のグアナバラ湾は、決して、現在のように悪臭を放っていたわけではない。

　リオのイパネマ区の地名の由来は、帝政末期の1885年に"イパネマ男爵"を襲爵した不動産王、ジョゼ・アントニオ・モレイラ・フィー

81

図27 イパネマ海岸（上）とポン・チ・アスーカル（下）を取り上げた小型シート。1993年にリオで開催された国際切手展〈BRASILIANA 93〉の事前プロモーションと観光宣伝を兼ねて発行されたもの。

リョが周辺一帯を開発したことによるものだ。ちなみに、この爵位は、彼の父親、ジョゼ・アントニオ・モレイラが、サンパウロの西96キロに位置するソロカーバの地のイパネマ川（この川は本当にもともと水質が悪かったのだろう）沿いにイパネマ製鉄所を建設した功績に対して与えられたものだ。

さて、イパネマの海岸通りから、ヴィニシウス・ヂ・モライス通りを北に歩いて最初の角には、現在、その名も"ガロッタ・ヂ・イパネマ（イパネマの娘）"という名のショッペリア（生ビールを出すバー）がある（図29・30）。もともとこの店は、1960年代初頭には"ヴェローゾ"というバールだった。

図28　イパネマ・ビーチの風景をイメージした記念スタンプ。

ブラジルでは、バールというと、食事をしてコーヒーを飲み、さらに酒も飲ませる庶民の食事処だが、ビールに関しては瓶ビール（セルヴェージャ）しか出てこない。

これに対して、生ビール（ショッピ）が飲めるショッペリアは、一般的に、バールよりも少し気取った店という位置づけになる。

さて、1960年代初頭のヴェローゾはヂ・モライスやジョビンらボサノヴァ関係者のたまり場の店だったが、ここには、近所に住むエロイーザ・エネイダ・メネーゼス・パエズ・ピントという少女が母親のお使いで、ちょくちょく煙草を買いに来ていた。

1945年生まれのエロイーザは、1962年の時点で17歳。身長170センチのすらっとした美少女で、ヂ・モライスとジョビンは彼女の歩く姿を見て「イパネマの娘」のインスピレーションを得たという。

ただし、一部でいわれているように、この曲の歌詞はヂ・モライスがほぼ即興で仕上げたというわけではなく、入念な準備と推敲を重ね、2通りのバージョン

図29　ガロッタ・チ・イパネマの外観。

図30　ガロッタ・チ・イパネマのカードは、ショッペリアとして生ビールをデザインしている。

図31　現在のイパネマの娘たちの"甘い揺れ"。

を作った上で現在の歌詞のほうを選び、それにジョビンが曲をつけたという、難産の末の作品だった。

　そうしたことを頭において、「イパネマの娘」の冒頭の歌詞を見てみよう

　　見てごらん。なんて可愛い女の子だろう
　　優雅さに満ち溢れていて
　　甘い揺れのなかで
　　やって来ては 海辺を歩いていくよ。

　ここでいう"甘い揺れ（doce balanco）"というのは、日本語に直訳するとわかりづらいのだが、歩きながらお尻がプリッと揺れるようす（図31）のことだ。男女ともに、セックス・アピールの対象となるパーツは圧倒的にお尻だというお国柄だからこその表現といってよい。
　ところで、「イパネマの娘」には英語版もあるのだが（というよりも、世界的には英語版の方が有名なのだが）、この英語の歌詞はオリジナルとかなり内容が変わってしまっていて、オリジナルを知る者の間ではすこぶる評判が悪い。

例えば、上に引用した歌の冒頭の部分は、英語の歌詞だとこんな感じになる。

　背が高くて日に焼けて若くて素敵な
　イパネマの娘が通りすぎると
　誰もが「ああ」とため息をつく

　こうした改変が行われたのは、この曲を米国でヒットさせたいというレコード会社側の思惑があり、当時の米国人受けを狙ったためだ。
　ボサノヴァという新たなジャンルが注目を集める中、1963年の終わり頃、作曲者のアントニオ・カルロス・ジョビンと歌手でギタリストのジョアン・ジルベルトらは渡米してコンサートを行い、白人サックス・プレイヤーのスタン・ゲッツとのレコーディングにも参加した。
　レコーディングに際して、当時、ジョアン・ジルベルトの妻だったアストラッド・ジルベルトは自分にも歌わせてほしいと言い出す。もともと彼女には歌手になりたいという夢があったからなのだが、夫のジョアンは、プロのミュージシャンとして、素人のレコーディングなんてもってのほかと猛反対する。
　間に入ったジョビンは、彼女がそこまで言うのだから、とりあえず別トラックで録音しておいて、まずかったら編集の作業で外せばいいという妥協案を出してその場を収め、米国向けに用意してあった英語の歌詞を彼女に歌わせることになった。
　その後完成したマスター・テープには、ジョアンの歌とアストラッドの歌が別のトラックに記録されており、アルバム『ゲッツ／ジルベルト』に収められたヴァージョンでは、1番をジョアンがポルトガル語で、2番と3番をアストラッドが英語で歌い、間奏にスタン・ゲッツのサックスとアントニオ・カルロス・ジョビンのピアノが入るという形式で、ギターはジョアンが担当した（図32）。
　後で明らかになったところによると、レコーディング時の雰囲気

図32　ジョビンを顕彰する1999年切手は「イパネマの娘」をイメージしたデザインで、彼がピアノを担当していたことから、波打ち際のピアノが描かれている。

郵 便 は が き

料金受取人払

麹町局承認

434

差出有効期間
平成 28 年 11 月
30 日まで
（切手不要）

102 - 8790

205

東京都千代田区九段南
2-2-7 北の丸ビル 3F

えにし書房編集部 行

||||・|・||・||・||・|||・|・||・||・|・|・||・|・||・|・||・|・|・||・||・|・||

◎本書をご購入いただき誠にありがとうございます。
　今後の出版企画に活用いたしますので、ご意見などをお寄せください。
　メールでもお受けします→ info@enishishobo.co.jp

お名前（ふりがな）		
ご住所		
性別	年齢	メールアドレス

書 名	

ご購入店		
	都道 府県	書店

本書をお知りになったのは

①書店・ネット書店で　②新聞・雑誌の記事で　③新聞・雑誌の広告で

④SNS などネット上で　⑤友人からプレゼントされて

⑥その他（　　　　　　　　　　　　　　　　　　　　　）

本書へのご意見、著者へのメッセージなどありましたら、お聞かせください。

「こんな本が読みたい！」という本があれば教えてください。

ご協力どうもありがとうございました

は最悪で、ブラジル人とボサノヴァを"色物"とみなして傲慢な態度をとるゲッツに対して、英語がわからないながらも馬鹿にされていることを肌で感じていたジョアンは「あの白人の馬鹿をどうにかしろ」と悪態をついていたという。板ばさみになったジョビン(彼は英語がわかる)は、ポルトガル語のわからないゲッツの通訳もさせられて精神的に疲労困憊。追い打ちをかけるように、ゲッツは「(素人の)アストラッドにはギャラを出す必要はない」とまで言い出す始末だったという。

それでもアルバム『ゲッツ/ジルベルト』の音楽性は高く評価され、グラミー賞で3部門を受賞。翌1964年、「イパネマの娘」はシングル・カットされることになったが、その際、シングルに収まらないという理由から、ジョアンのポルトガル語の歌はカットされ、アストラッドの英語の歌だけになってしまった。

この英語版のみの「イパネマの娘」は、結果的に200万枚もの大ヒットとなり、ビルボードのヒットチャートに96週間連続ランクインして、グラミー賞最優秀レコード賞も受賞したのだが、こうなると、面白くないのはジョアンである。

結局、ジョビンとジョアンはその後、活動を共にすることはなくなり、ジョアンとアストラッドも離婚してしまう。ただし、彼女はこれを機に歌手としての精進に努め、やがては「ボサノヴァの女王」と言われるまでになるが。

さて、英語版では無視されてしまった、本来の「イパネマの娘」のキーワードの一つ、お尻といえば、ガロッタ・ヂ・イパネマは、薄切りにした牛いちぼ肉の鉄板焼"ピッカーニャ・ナ・シャッパ"の名店としても知られている。ビーチで美女のお尻を堪能する眼福を味わった後は、煙にまみれながら、キンキンに冷えた生ビールと尻の肉で空腹を満たすというのも、リオならではの醍醐味ではあるまいか。

そういうわけで、ガロッタ・ヂ・イパネマでは、ぜひとも一度、晩飯を食わねばなるまいと思って、イパネマのビーチへは、日が少し傾きかけてから出かけることにした。

ポルトガル人の町に特徴的なモザイク模様の石畳、カルサーダスの歩道を海沿いに歩いていたら、デニムのショートパンツからすらりとした足をのぞかせた女の子が3人、向こうからやってきた。これは、イパネマの海岸で、ヂ・モライスのいう"甘い揺れ"を確認するチャンスだと思って、彼女たちが目の前を通り過ぎてから、やおら後ろを振り向いてカメラのシャッターを押す。

ビーチでは、パラソルの下でまったりする人たちやビーチバレーをする人たち

図33 イパネマ海岸の夕日。

など、いずこも同じ光景を肴に、少しぬるくなったセルヴェージャの瓶をラッパ飲みしながら、夕日を拝むことにした。

　イパネマからは西方向の海岸は長さが4キロあるが、途中、2キロほど行ったところには小さな水路があって、そこから先は名前が"レブロン海岸"に変わる。そして、レブロン海岸の終点には、双子の兄弟の岩山、ドイス・イルモンスが聳えていて、太陽はその向こうに沈んでいくという格好だ（図33）。

　日が落ちるのを見届けてから、ガロッタ・ヂ・イパネマの方へと向かう途中、道端のゴミ箱に空き瓶を捨てようとして、ふと分別の表示を見たら"VIDRO"の文字が目についた。

　ポルトガルで"ガラス"を意味する普通名詞だから、ゴミ箱の表示にあっても何ら不思議はないのだけれど、僕にとっては"ビードロ"と言えば歌麿の浮世絵がすぐ頭に浮かんできて、なんだか「鼻の下を伸ばすのも大概にしときなさいよ」と彼女から小言を言われたような気になった。

第4章　旧市街を歩く(セントロ)

国立歴史博物館

　2015年はリオデジャネイロ市450年（図1）ということで現地ではさまざまなイヴェントが行われた。これは、グアナバラ湾一帯をめぐるフランスとポルトガルの抗争最中の1565年3月、ポルトガルの軍人、エスタシオ・デ・サア（図2）がグアナバラ湾に面した一角に築いた橋頭保が、現在のリオ市のルーツになっているとの認識によるものだ。

　エスタシオ・デ・サアは、自らの指揮下で築いた一角を"サン・セバスティアヌス・ド・リオ・デ・ジャネイロ"と命名し、正式な都市として宣言した。この時点では、"リオ・デ・ジャネイロ"は川（と彼らが誤認した湾）の名前で、都市としての名前はサン・セバスティアヌスである。

図1　"リオデジャネイロ市450年"の記念切手。現在のリオのシンボルとして、ボサノヴァ（左上）、カーニヴァル（右上）、ビーチ（左下）、カルサーダス（右下）を髪に見立てた顔のイラストが描かれている。

左：図2　エスタシオ・デ・サアの肖像が描かれたリオデジャネイロ400年の記念切手。

右：図3　3歳で即位した当時の国王セバスティアン。

　セバスティアヌスという地名は、当時のポルトガル国王セバスティアン（在位1557〜1578年。図3）に敬意を表すとともに、キリスト教の聖者、聖セバスティアヌスにちなむものだ。

　聖セバスティアヌスは、実在の人物かどうか定かではないが、伝承によれば、ガリア・ナルボネンシス（現在のフランス・ラングドックとプロヴァンスにまたがるローマ植民地）で生まれたとされる。キリスト教徒を弾圧したディオクレティアヌス帝（在位284〜305年）の下、信仰を隠して親衛隊長を務めたが、ローマの神に犠牲を捧げることを拒否して逮捕された2人のキリスト教徒、マルクスとマルケリアヌスをその信仰で励ましたことから、クリスチャンであることが露見。杭に縛りつけられ、数多くの矢を射られる処刑を受けたが、奇跡的に生き延びた。傷が癒えた後、再びディオクレティアヌスの前に現れ、信仰を説いたため、287年1月20日、皇帝に激しく殴打されて絶命した。

　この故事にちなみ、セバスティアヌスの命日にあたる1月20日は"聖セバスティアヌスの祝日"とされており、1554年1月20日に生まれたポルトガルの王子（後に国王）はこれにちなんでセバスティアンと命名された。

第 4 章　旧市街を歩く

図 4　国立歴史博物館の外観。

図 5　国立歴史博物館の建物を取り上げた 1982 年の切手。

さて、サン・セバスティアヌスのサンチャゴ砲台を拠点にフランス軍と戦っていたポルトガル軍は 1567 年 1 月 20 日、フランス軍を追放することに成功した。その日も、まさに、"聖セバスティアヌスの祝日"だった。

サン・セバスティアヌスの防衛陣地であったサンチャゴ砲台は、1603 年に拡充され、奴隷の収容所を備えたサンチャゴ要塞となる。その後、1762 年に武器弾薬庫が、1764 年に兵器廠が、1835 年に兵営が、それぞれ隣接する土地に建設され、サンチャゴ要塞一帯はブラジル陸軍にとっての要衝となった。その後、1922 年の"ブラジル独立 100 年記念博覧会"を機に改修を経て国立歴史博物館に転用され、現在に至っている（図 4・5）。

博物館の展示は、ブラジル"発見"以来の歴史を年代順に構成したもので、所蔵品の総数は 28 万 7000 点（図 6）。特に貨幣に関しては、ラテン・アメリカ最大のコレクションを有している。

91

図6　所蔵品より
　A　先住民の壁画
　B　17世紀のタイル画
　C　18世紀のマリア像をかたどった船首像

第 4 章　旧市街を歩く

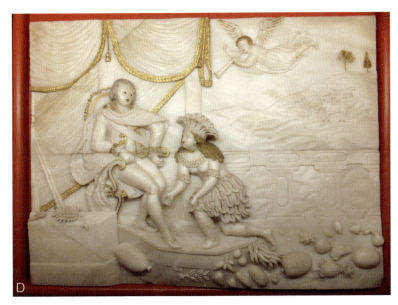

D　ポルトガル王にひざまずく先住民のレリーフ
E　皇帝ドン・ペドロ 2 世の玉座と肖像画
F　新生児奴隷解放令（1871 年、奴隷の母親から新たに生まれた子どもは自由人であるとした法律）の理念を表現したブロンズ像

93

図9　博物館中庭の紋章の入った石碑。

図7　博物館中庭の出入口。

図8　博物館中庭の野砲と噴水。

第 4 章　旧市街を歩く

　もっとも、リオの国立歴史博物館に限らず、膨大な所蔵品を前にすると、最初の
うちこそ、いちいち感動するものの、次第に感覚がマヒしてきて印象が薄くなっ
てくる。そんななかで、ポルトガル植民地時代の風情を色濃く残している中庭は、
ここが "リオの発祥の地" であるということが実感できる印象的な場所だった。
今にも雨が降り出しそうな曇天の中、館内に入り、2 時間ほど展示を見て回った
後でふらっと中庭（図 7）に出てみると、その間にやはり一雨あったようだ。
　雨上がりに木々の独特のにおいのなかで、かつてここが軍事施設だった頃の名
残りの野砲（図 8）や 1834 年の表示と紋章の刻まれた石碑（図 9）などが漆喰の
白い壁とあいまって、しっとりとした質感を醸し出していた。
　中庭の真ん中で、白い壁の中に囲まれていたら、そういえば、リオの人々を意
味する "カリオカ" は、もともとは、先住民のトゥピ族の言葉で "白い家" とい
う意味だったことを思い出した。これは、16 世紀以来、リオの地に住むように
なったポルトガル人たちが海岸沿いに白塗りの家を建てたことに由来するネー
ミングだが、博物館の一角にいると、かつてのリオにはこうした建築が軒を連ね
ていたであろうことが実感として理解できる。

チラデンチス宮殿

　国立歴史博物館を出て北西方向に少し歩くと、現在、リオデジャネイロ州の立
法議会議事堂として使われているチラデンチス宮殿がある（図 10）。
　宮殿名の由来となったチラデンチスは、tirar（抜く）・dentes（歯）、すなわち
"歯を抜く（者）＝歯医者" との意味だが、これは、歯科医にして詩人で独立運動
家だったジョアキン・ジョゼ・ダ・シルバ・シャビエルのニックネームだ。
　チラデンチス（図 11・12）は、1756 年、ミナスジェライス地方のサンジョアン
デルヘイ生まれた。
　当時のブラジルはポルトガルの支配下にあったが、宗主国ポルトガルはブラジ
ルの貿易を独占し、植民地のブラジルに対して過酷な税を課すなどの圧政を敷い
ていた。このため、金鉱を抱えるミナスジェライス地方では、本来は自分たちに
還元されるべき富が収奪されることへの反発が強かったが、1775 年に米国独立
戦争が勃発すると、その影響もあり、ポルトガルからの独立を求める動きが生ま
れた。
　こうした状況の下、1789 年、ミナスジェライスのヴィラ・リーカで、チラデン

95

図 10　チラデンチス宮殿。

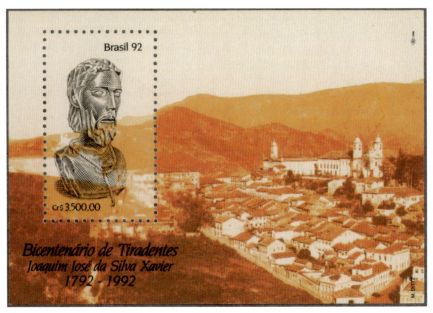

図 12　チラデンチス生誕 200 年の記念切手。宮殿前の銅像とは顔の雰囲気がかなり異なる。

第 4 章　旧市街を歩く

図 11　チラデンチス宮殿前のチラデンチス像。

チスらは独立のための武装蜂起を計画したが、革命を計画していた仲間の一人、ジョアキン・シルベーリョ・ドス・ヘイスの裏切りによって、蜂起は未遂に終わり、関係者は一網打尽に逮捕されてしまう。

　いわゆる"ミナスの陰謀"だ。

　裁判では、革命に関与したグループのうち、最も身分の低かったチラデンチスにすべての責任を押しつけるかたちで、彼だけが死刑判決を受け、1792 年 4 月 21 日、チラデンチスはリオデジャネイロのサン・ドミンゴス刑場で絞首台の露と消えた。刑の執行直前、チラデンチスは絞首台の上から「自分は人間が求める自由のために死ぬ」と叫んだが、このことはポルトガル当局をさらに激昂させることになり、処刑後の遺体は、見せしめのため、バラバラにされたうえでリオ・ミナス街道とヴィラ・リーカで晒しものにされたという。

　その後、1822 年にブラジルが独立すると、チラデンチスは"テロリスト"から一転して独立の義士として英雄になり、彼が囚われていた牢獄の建物は 1826 年に国民議会の下院議事堂に転用された。

　それから 100 年後の 1926 年には、この場所にはフランス様式とネオコロニアル様式を折衷した新たな下院の議事堂として、彼の名を冠したチラデンチス宮殿が建てられた。

　連邦の議事堂としてのチラデンチス宮殿は、1958 年には第 47 回列国議会同盟会議の会場となり、その記念切手（図 13）にも取り上げられている。

　列国議会同盟会議は、1870 年の普仏戦争が当時としては甚大な被害をもたらしたことの反省から、国家間の紛争防止のために各国の国会議員がたがいに話し合う機会を設けるべきとして、ロベルト・フォン・ウォルテスキ

図 13　チラデンチス宮殿を取り上げた第 47 回列国議会同盟会議の記念切手。

ルヒェン（オーストリアの下院議員）とドン・アルトロ・マルコアルト（スペインの国会議員）が提案したもので、1889年6月にパリで第1回会議が開かれた。その後、加盟各国での持ち回り開催となり、1958年度の会議は、7月24日から8月1日までリオで開催された。ちなみに、翌1959年のワルシャワ会議を経て、2年後の1960年度の第49回会議は東京で開催されている。

奇しくも、1960年はブラジルではリオからブラジリアへの遷都が行われた年で、新首都にはオスカー・ニーマイヤーの設計による現在の連邦議事堂（図14）が建設され、チラデンチス宮殿はリオデジャネイロ州の立法議会議事堂として使用されることになった。

ところで、チラデンチス宮殿前のプリメイロ・デ・マルソ（3月1日）通りを北方に少し歩くと、1924年創業という酒屋のリダドールがあって、店先の一番目立つ場所にはワインを並べていた（図15）。

チラデンチスたちは、蜂起の前に「独立の乾杯はポルトガル・ワインでなく、我々のカシャッサだ」と誓い合ったというエピソードがあり、それ以来、カシャッサはブラジル（の独立）を象徴する酒として、ブラジル人の誇りとなっている。

カシャッサというのはサトウキビを原料とするブラジルの蒸留酒で、日本ではサンパウロで好んで用いられる"ピンガ"の名称で紹介されることも多い。我々

図14　現在の連邦議事堂を描く1988年のシート。

第 4 章　旧市街を歩く

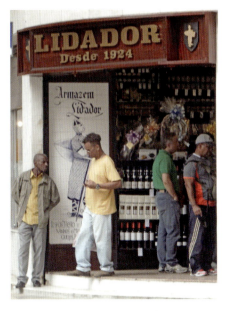

上：図 15　旧中央郵便局反対側の酒屋。

横：図 16　カイピリーニャのグラス。

下：図 17　ホテルのベランダでブラジル・ワインを開けて飲む。

外国人の感覚からすると、サトウキビを原料とする蒸留酒ならラムの一種としても良いように思われるのだが、ブラジル政府は、カシャッサを「ブラジルで産出されたサトウキビを原料とし、その絞り汁を醗酵させたアルコール度数が 38〜54 度の蒸留酒とする」と厳格に定義しており、カリブ諸国のラムとは明確に区別している。

　酒屋がオープンした 1924 年には、まだ、現在のチラデンチス宮殿とチラデンチス像はプリメイロ・デ・マルソ通りにはなかったと言えばそれまでだが、この地で息絶えたチラデンチスにしてみれば、やはり、店先にはワインではなく、カシャッサを置いてほしかったに違いない。

　もっとも僕自身は、日本でもカイピリーニャ（カシャッサをベースに、ライムジュースと砂糖を砕いた氷と一緒に混ぜ合わせて作るカクテル。図 16）は何度か飲んだことがあるものの、ブラジル・ワインを飲んだ記憶はない。

　そこで、せっかくの機会だからとリダドールの店内に入り、手頃な値段のブラジル・ワインを 1 本買ってホテルで飲むことにした（図 17）。

　ブラジルは国土の大半が高温多湿の地域にあるため、ブドウ畑の大半では食用ブドウの生産が行われているが、赤道から外れた最南端のリオグランデ・ド・スル州、特に、アルゼンチンと

99

の国境にも近い高地のセラ・ガウチャ地域は国内のワイン生産の中心地となっている。ちなみに、僕の買ったワインにも、しっかり "RIO GRANDE DO SUL" の文字が入っていた。

リオグランデ・ド・スル州におけるブドウの栽培は、1626 年、イエズス会がスペインのブドウ木を持ち込んだのが最初と言われている。また、18 世紀には、アゾレス諸島出身の入植者が、マデイラ諸島とアゾレス諸島からブドウの切穂を持ち込んだ。

さらに 19 世紀後半、イタリア有数のワインの生産地であるヴェネト州からの移民がリオグランデ・ド・スル州に入植。彼らは、20 世紀に入ると、セラ・ガウチャ地域で相次いでワイナリーを開業した。その代表的な例としては、モナコ（1908 年開業）、サルトン（1910 年開業）、ドレヘル（1910 年開業）、アルマンド・ペテロンゴ（1915 年開業）などがある。ただし、1970 年代までのブラジル・ワイン生産は質より量を重視しており、世界のワイン・マーケットでは、ほとんど無視されていた。

これに対して、1973 年、隣国ウルグアイの名門ワイン農家、カルラウ家がセラ・ガウチャで生産した "シャトー・ラカヴェ" を発売。これにより、ようやく、ブラジル・ワインが注目されるようになり、翌 1974 年には、米仏伊加の 4 ヵ国のワイン企業（その中には、かのモエ・エ・シャンドンも含まれている）がリオグランデ・ド・スル州にワイナリーを開設し、ヨーロッパ種のブドウを本格的に移植。以後、ブラジル・ワインは輸出に耐え得る品質へと成長していくことになった。

ちなみに、僕がホテルの部屋で飲んだワインの味だが、まぁ、値段相応というところだった。もちろん、しかるべき金額を払えば、もっと美味いワインを飲めたのだろうが、そのあたりは予算の関係もあるので仕方あるまい。

中央郵便局と牛の目

さて、プリメイロ・デ・マルソ通りをはさんでリダドールの反対側には、僕にとって外すことのできないスポット、中央郵便局の局舎がある（図18・19・20）。

正面玄関の真上、2 階のバルコニーには天使と女神の彫刻が置かれていて、いかにも重厚な感じの建物は、いままで、切手にも何度か取り上げられている（図21・22）ので、収集家にとってはなじみがあるのだが、この局舎が現在の場所に建てられたのは 1878 年のことで、それ以前の中央郵便局は現在の場所から 800

第 4 章　旧市街を歩く

図 18　リオ中央郵便局の正面玄関。

図 19　中央郵便局の局内。

図 20　中央郵便局の壁に掲げられた
クラシックなポスト。

101

図21　1946年の国際郵便会議の記念切手に取り上げられた中央郵便局の局舎。

図22　ブラジル郵政350年の記念切手には、1878年のリオ中央郵便局の局舎完成も郵政史上の重要事件として取り上げられている。

メートルほど北の"パソ・インペリアル"と呼ばれていた王宮の一角（図23）にあった。パソ・インペリアルは、もともとはリオデジャネイロ知事のゴメス・フレイレ・デ・アンドラーデの邸宅として1743年に建てられたが、1808年、ポルトガル王室がリオに遷都すると、ジョアン6世の王宮として使用されていた建物だ。

ここで、ブラジルにおける郵便制度の歴史について、簡単にまとめておきたい。

ブラジルで郵便事業が始まったのは、1663年1月25日のことだ。この日、ポルトガル国王アフォンソ6世の勅命により、ブラジルでの郵便制

図23　パソ・インペリアルを取り上げた1989年の国際切手展〈Brasil 89〉の記念切手。

第 4 章 旧市街を歩く

度の設立が決まり、同年 6 月 6 日、当時の首府バイアの郵政代理（現地の郵政責任者）としてバルトロメウ・フラゴゾ・カブラルが指名された。さらに、同年 12 月 19 日には、アルフェレス・ジョアン・カヴァレイロ・カルドゾがリオデジャネイロの郵政代理に指名され、リスボンとリオを結ぶ郵便が始まった。ただし、18 世紀以前のポルトガルとその植民地では、郵便事業は国王のために公文書を運ぶのが主な仕事で、官営事業ではなく、ダ・マタ家が独占的に取り扱っていた。

18 世紀初頭のブラジルでは、識字率が非常に低く、郵便の利用も少なかったうえ、そもそも 1733 年まではサンパウロ＝リオ間の道路さえなかった。1773 年になって、ようやく、サンパウロ＝リオ間の郵便が月 1 回のペースで始まったものの、実際には、郵便の利用者はほとんどいないのが実情だった。

とはいえ、18 世紀末になると、経済の拡大もあって徐々に郵便の利用者も増えてきたため、1797 年、ポルトガル王室は郵便事業をダ・マタ家から買収して国営化する。これに伴い、翌 1798 年、ポルトガル本国と植民地ブラジルとの間の船便ルートが設定され、4 月 24 日、リオに郵便総局が設置された。

このうち、リスボン＝リオ間の郵便は、バイア経由の南回り路線によって運ばれ（ちなみに、北回り路線はサリナス経由でリスボンとアッスを結んだ）、ポルトガル＝ブラジル間の海上料金は 4 オイタバス（1 オイタバスは 1/8 オンス＝約 14 グラム）まで 80 ヘアイス、そこからポルトガル本国内は 40 ヘアイスが基本料金だった。

1808 年、ナポレオン戦争の余波でポルトガル王室がリオに逃れてくると、以後、リオは王国の首都として急速に発展し、郵便物の取扱量も増大した。

図 24 は、この時代の郵便物の一例で、1821 年 8 月 31 日、リオから高原の都市、バルバセーナ（ミナスジェライス州）宛に差し出されたものである。

バルバセーナは、現在でこそ、酪農と生花栽培を主とする地味な小都市だが、鉄道の路線が発達するまでは、ミナスジェライス州の鉱山地帯とリオをはじめとする海岸地帯を結ぶ交通の要衝とし

図 24　1821 年、リオからバルバセーナ宛の郵便物。

103

て繁栄していた。

　切手発行以前の郵便物なので、封筒の右上に受取人から徴収すべき料金"80（ヘアイス）"の数字を書き込み、リオ発信であることを示す"RODEJAИRO"の地名印が押されている。この時代のリオの地名印にはいろいろなタイプがあるのだが、この郵便物に押されているのは、"N"の字が鏡字の"И"になっているのがちょっと面白い。

　1822年に独立した後のブラジルの郵便制度は、当初、ポルトガル植民地時代のものをそのまま継承していたが、1829年、それまで州ごとに定められていた郵便規則が統合され、1831年以降、ブラジル国内の郵便料金は、重さ2オイタバス（約7グラム）で距離15リーグ（約72キロ）までは10ヘアイス、以後、2オイタバスごとないしは15リーグごとに10ヘアイスずつ比例計算で上がっていく体系に整理された。

　ところで、独立当初のブラジルは、経済的には旧宗主国のポルトガルよりも、英国の影響下に置かれていた。その英国では、ウィリアム4世統治下の1833年8月、庶民院（いわゆる下院）の新人議員、ロバート・ウォーラスが膨大な赤字を抱えていた郵便制度改革の必要性を議会で訴えたことから、郵便改革が急速に進められていた。英国船を利用した英国宛郵便物の利用がさかんだったブラジルでも、郵便事業は膨大な赤字を計上していたから、英国の郵便改革が成功すれば、自分たちもそれに倣った改革をすべきだという声が高まるようになる。

　かくして、1838年、当時の内閣は英国に倣った郵便制度改革案を議会に提出。さらに、1840年1月から、英国で1/2オンス以下の書状基本料金を全国1律1ペニーとする統一1ペニー郵便がスタートし、同年5月、新たな郵便の料金前納の証紙として世界最初の切手"ペニー・ブラック（図25）"が発行されると、ブラジルでも、枢密顧問兼内務大臣のカンディド・ジョゼ・デ・アウラージョ・ヴィアンナを中心に、英国に倣って切手を用いた近代郵便制度の導入が準備され、1842年11月、ブラジルでも勅令によって、国内統一料金制を導入し、郵便料金前納の証紙として切手を発行することが決定された（図26）。

図25　世界最初の切手"ペニー・ブラック"。

　これを受けて、同年12月、ブラジル造幣局は、

第4章　旧市街を歩く

図26　1938年にリオで開催の国際切手展〈BRAPEX〉に際してブラジルが発行した記念切手のシートで、単片切手には、ローランド・ヒルとペニー・ブラック、それに"牛の目"が描かれており、ブラジルの郵便事業が英国の強い影響を受けていたことが含意されている。

英国でペニー・ブラックの製造を請け負ったパーキンス・ベーコン社に切手製造に必要な器具・機材を発注。翌1843年2月に機材が納入されるのを待って、切手の製造が開始された。

パーキンス・ベーコン社は、紙幣の背景などに使われる彩紋彫刻で、当時、世界最高の技術を誇っていた印刷所である。

彩文彫刻機は、歯車を組み合わせて複雑な幾何学模様の原版彫刻を行う機械で、19世紀初頭に発明された。

そのルーツについては、1810年にスイス生まれのヤーコブ・デーゲンが発明した"guillochiermaschine"とする説と、1812年に米国で特許を取得したエイサ・スペンサーの"geometrical lathe"とする説がある。両者の接点やその発明内容の異同については良くわかっていないが、どちらももともとは時計職人で、時計の文字盤などに装飾模様を彫刻する"ローズ・エンジン"に改良を加えて紙幣の原版彫刻に応用し、偽造防止に役立てるという点では共通している。

この発明に即座に目をつけたのが、ジェイコブ・パーキンスだった。

パーキンスは、1766年、北米マサテューセッツのニューベリーポート生まれ。10代の頃は鍛冶職人として修業を積んでいたが、その腕を見込まれて21歳の時にマサテューセッツ造幣局に雇われ、コインの原版彫刻を担当した。

その後、爪切りから大砲の製造までさまざまな機械製作に携わっていたが、凹版彫刻用の鋼材を開発したのを機に、彫刻家のギデオン・フェアマンと共に印刷所を創業し、1809年、学校の教科書の印刷を始めた。

フェアマンが原版を彫刻した挿絵の教科書は、当時としては画期的なもので大いに評判となったことから、パーキンスは印刷事業に本腰を入れるようになる。

105

その一環として、パーキンスは、スペンサーから彩紋彫刻の特許を買い取っただけでなく、スペンサー本人を雇い入れて、彩文彫刻を施した紙幣の製造に着手した。

　一方、当時の英国では偽造紙幣の横行が深刻な社会問題となっており、英国政府は、1819 年、賞金 2 万ドルを掲げて"偽造不可能な紙幣"を公募する。

　この機会をとらえて、パーキンス、フェアマン、スペンサーの 3 人は渡英し、ロンドンのオースティン・フライヤーに彫刻凹版印刷にも対応可能な印刷所、パーキンス・アンド・フェアマン社のオフィスを構え、王立協会会長のジョゼフ・バンクス卿をはじめ、関係各方面に自分たちの試作品を売り込み、高い評価を得た。

　ところが、パーキンスらの試作品は、品質面では文句なく他を圧倒していたにもかかわらず、バンクス卿は、"偽造不可能な紙幣"を作るのはイングランドの出身者でなければならないと頑なに主張しており、そのままでは、"外国人"であるパーキンスらが紙幣製造を受注するのは困難だった。

　そこで、パーキンスは、当時、英国を代表する凹版彫刻家であり、出版業者でもあったチャールズ・ヒースを共同経営者として迎え入れ、1819 年 12 月、フリート・ストリートにパーキンス・フェアマン・アンド・ヒース社を開業した。ほどなく同社はパーキンス・アンド・フェアマン社と改称して"偽造不可能な紙幣"を製造し、さらには、ペニー・ブラックの製造を請け負うことになったのである。

　ブラジル造幣局は、世界最初の切手を製造したパーキンスらの実績を評価し、切手の製造に彼らの機材を用い、彩紋を取り入れることで偽造対策とした。また、英国のペニー・ブラックはヴィクトリア女王の肖像を描いていたが、ブラジルでは、君主の威厳を損なわないようにとの配慮から、切手には皇帝ドン・ペドロ 2 世の肖像を入れず、実用本位に額面数字を大きく入れることとなったため、いっそう彩紋が強調されるデザインとなった。

　こうして、1843 年 8 月 1 日、30 ヘアイス、60 ヘアイス、90 ヘアイスの 3 種の切手が発行された（図 27）。

　これら 3 種の切手は、古くから切手収集家の間では"牛の目"のニックネームで親しまれており、しばしば、"切手の切手"の題材にもなっている（図 28・29・30・31）。実際、大ぶりで楕円形の彩紋を見ていると、たしかに、毛細血管の走った動物の目を覗き込んでいるような錯覚にとらわれてくるから、不思議なものだ。

　ただし、"牛の目"のニックネームは、もともとブラジル人がポルトガル語で命名したものではなく、英語で"Bull's Eye"と呼ばれていたものの和訳である。

第 4 章 旧市街を歩く

図 27　ブラジル最初の切手 "牛の目" のうち、30 ヘアイス切手。

図 28　1943 年の "切手 100 年" の記念切手は、"牛の目" 3 種を復刻したデザイン。

図 29　1990 年のブラジル切手展の記念切手は、ドン・ペドロ 2 世と牛の目、ヴィクトリア女王とペニー・ブラックの組み合わせとなっている。

図 30　1993 年の "切手 150 年" の記念切手に取り上げられた "牛の目"。

107

英語の"Bull's Eye"には、文字通りの"(動物の)牛の目玉"の他に、丸窓、半球レンズ、的の中心、白い筋のある黒くて硬いハッカ飴、などの意味があり、いずれも、切手の形状に似ていると言えなくもない。

このうち、興味深いのは"的の中心"を意味するというもので、これは、英国で行われていた"牛攻め"に由来するという。牛攻めというのは、闘犬を雄牛にけしかけて、その勝敗に金銭を賭けるという賭博で、1835年に禁止されるまで、英国では貴賤を問わず大いに人気を博した娯楽だった。人々は犬・牛のいずれに賭けるかを判断する場合に各々の動物の面構えをじっくり観察したが、牛に賭ける場合には"牛の目に賭ける"という表現が用いられた。

また、賭金としては、1クラウン、すなわち5シリング貨が多かったことから、いつしか、5シリング貨そのものを"牛の目"と呼ぶ俗称が生まれ、そこから、5シリング貨とほぼ同じ大きさの円形のものを"牛の目"と称する習慣があったという。

たしかに、ブラジル最初の切手は、19世紀の切手としてはかなりの大型で図案の中心は楕円形だから、上述のようなバックグラウンドがあれば、英国人収集家がこれを"牛の目"と呼びたくなったというのも、十分に理解できる。

図31　2013年の"郵便創業350年・切手170年"の記念切手は、メタリックな雰囲気の"牛の目"を描いている。

ブラジル銀行文化センターで草間弥生を見る

　中央郵便局からプリメイロ・デ・マルソ通りをさらに進み、プレジデンチ・ヴァルガス通りとぶつかる角には、ブラジル銀行の旧本館を利用したブラジル銀行文化センターがある（図32）。

　ブラジル銀行は、1808年、ポルトガル王室のブラジル遷移にあわせて、ポルトガル王マリア1世の息子で摂政のドン・ジョアン（1816年にジョアン6世として即位）が設立した。しかし、1821年、ジョアン6世はポルトガル本国への帰還に際して銀行の資産を根こそぎ持ち去ってしまったため、銀行は破産するが、翌1822年にブラジルが独立を宣言すると、ブラジルにおける通貨の発行（図33）と外貨両替、国庫の管理を独占的に担当する金融機関として再生された。その後、1964年にブラジリアにブラジル中央銀行が設立され、1987年に国庫管理業務が分離されたことで、1992年以降は通常の商業銀行になっている。

　文化センターの建物は、帝室建築家であったフランシスコ・ジョアキン・ベタンクール・ダ・シウヴァの設計により、1880年に建設された。1906年にはリオデ

図32　ブラジル銀行文化センターの外観。特別展示として開催されていた草間弥生展の垂れ幕が掲げられている。

図33　ブラジル銀行1000支店開設の記念切手に取り上げられた同行発行の紙幣。

ジャネイロ商工組合の本部が置かれ、1920年代にブラジル銀行の所有となった。

　1980年代に入り、歴史的建造物としての文化的な価値を考慮し、ブラジル銀行は建物を文化センターとして保存することを決定。1989年10月から文化センターとして、舞台芸術、造形美術、映画、音楽および教育プログラム等の大規模な文化プロジェクトを提供する場となっている。なお、現在、ブラジル銀行の文化センターは、リオの他、サンパウロ、ブラジリア、ベロオリゾンチの計4ヵ所に設けられている。

　さて、僕が文化センターを訪ねた2013年秋は、全館使って草間彌生の特別展示「終わりのない強迫観念」（図34）の開催期間中で、館内に入ると吹き抜けのホールに巨大な水玉の風船がいくつも浮かんでいた（図35）ほか、クラシカルな建物のなかに、水玉を使った独特の草間ワールドが展開されている光景は、なかなか強烈なものがあった（図36）。

　2階の展示場を一回りして、吹き抜けの部分に戻ってくると、一人の女性が熱心に上方に向けてカメラを構えていた（図37）。何を撮っているのかと思って、彼女が立ち去った後で同じ角度でカメラを向けてみたら、展示とは無関係に、建物本来の姿を残していたランプの装飾（図38）だった。草間彌生が悪いというわけではないが、純粋に、歴史的建造物としての文化センターをじっくり見てみたい

第 4 章 旧市街を歩く

図 34 文化センター 2 回の「草間彌生 終わりのない強迫観念展」の入口。

図 35 吹き抜けの 2 階から風船のオブジェが点在する光景を見下ろす。

図 36 部屋ごとに区切られた展示の例。左：白地に赤の水玉の風船を敷き詰めた鏡張りの部屋と右：暗闇の中、色とりどりの水玉の光線を当てた応接間。

左：図37　文化センターの吹き抜けスペースで写真を撮る女性。

右：図38　文化センターのランプの装飾。

図39　文化センター1階の書店の日本語書籍売り場。

図40　同書店に置かれていたポルトガル語版の『吾輩ハ猫デアル』。

図41　同書店の女性店員。

という、彼女の気持ちはわからないでもない。

展示を見終わって階下に降りて、最後に館内の書店を覗いてみたら、日本文学の一角があって（図39）、大江健三郎、吉川英治、三島由紀夫、井上靖、夏目漱石などのポルトガル語訳の本が並んでいた。ちなみに、夏目漱石の『吾輩ハ猫デアル』のタイトルは、英語の"I am a cat."に相当するポルトガル語の"Eu sou um gato."である（図40）。

この書店の日本文学のコーナーが常設のものなのか、それとも、日本人美術家の草間彌生の展示期間中に限って特別に設けられたものだったのかは定かではない。店の奥に腰かけていた女性店員（図41）にそのあたりのことを聞いてみようと思ったのだが、僕の語学力では込み入ったことは聞けそうになかったし、なんとなく、彼女は近寄りがたいオーラを放っていたので、そのまま建物の外に出ることにした。

カンデラリア教会

図42　朝焼けのカンデラリア教会を取り上げた2007年の切手。

ブラジル銀行文化センターを越えて、プレジデンチ・ヴァルガス通りに中洲のような形で位置しているのは、リオで最古の教会とされるカンデラリア教会だ（図42・43）。

1609年、カンデラリア号に乗って航海していたスペイン人たちが嵐に見舞われて沈没寸前の状況に追い込まれた。彼らは、カナリア島の守護者で船名と同じカンデラリアの聖母に祈り続け、リオデジャネイロに漂着することができた。

この故事にちなみ、1630年、グアナバラ湾に近いリオの地に、カンデラリアの聖母に捧げる小さな礼拝堂が建立される。これが、現在のカンデラリア教会のルーツとなった。

1775年にはポルトガル人のフランシスコ・ジョアン・ロシオを責任者として大規模な改築工事が始まり、1811年、現在のファサード部分が完成。摂政ドン・ジョアン隣席の下、落成式典が行われた。

ただし、建物本体の工事はその後も続けられ、リスボン産の石材を用いたドー

113

図 43　カンデラリア教会。

図 44　カンデラリア教会天井ドームのフレスコ画。

図 45　カンデラリア教会のブロンズの扉。

第 4 章　旧市街を歩く

図 46　教会内部の礼拝スペース。

図 47　教会の名前の由来となっているカンデラリアの聖母像。

図 48　説教壇を支えていた白い天使像。

図 49　カンデラリア教会のピエタ像。

115

ムの屋根が最終的に完成したのは、1877年のことであった。

一方、教会の内装は、1878年にバロック様式から新古典主義とネオ・ルネッサンス様式に改修されたが、その際、ジョアン・ゼフェリーノ・ダ・コスタらにより、聖母マリアと彼女の美徳（「慎重さ」、「慈愛」、「信仰」、「希望」、「正義」、「節制」、「毅然とした姿勢」）を表現した天井のフレスコ画（図44）が制作された。また、1901年にはポルトガル人彫刻家のアントニオ・テイシェイラ・ロペスによる精緻な彫刻の施されたブロンズの扉（図45）が取りつけられている。

さて、薄暗い教会の中（図46）に入り、フレスコ画の天井の下を歩いて主祭壇の方へ向かう。主祭壇には、片手でイエスを抱き、カンデラリアの名前の由来である蝋燭をもう片方の手に持った聖母の像（図47）が祀られていただが、かなり高い位置にあるので、残念ながら、肉眼では細部まで良くわからない。むしろ、造形としては説教壇を支えている白い天使像（図48）の方が、黒檀の説教壇とのコントラストがハッキリしていて印象に残った。

左右の壁面にもさまざまな像が祀られているが、その中でも、特にピエタの像（図49）に目が行ったのは、カンデラリア教会が、ブラジル現代史の汚点ともいうべき1993年の虐殺現場だったことが、意識のどこかにあったからかもしれない。

ブラジルで"ファベーラ"と呼ばれる貧困地区はリオ市内にも複数あり（図50）、市内中心部には薬物犯罪や売春などに手を染めるストリート・チルドレンも少なくない。当然のことながら、地域社会では取り締まりを求める声も根強いため、警察関係者の中には"死の部隊"を組織して、地元商店主などの依頼を受けて、ストリート・チルドレンや犯

図50　マラカナン地区の道路の向こう側に広がるファベーラ。

罪予備軍（と彼らが見なした人々）を非合法に"処分"する者がある。

　こうした背景の下、カンデラリア教会はストリート・チルドレンたちのシェルターのような役割を果たしていたが、そうした子供たちの一部が、1993年7月23日朝、パトカーに投石した。これに対して、同日夜半、教会の前に停車した数台の車のグループが約70名の子供たちに発砲し、8人が死亡した。

　いわゆるカンデラリア教会虐殺事件である。

　ブラジルの世論は概ね"死の部隊"の側に同情的であることもあって、通常、この種の事件はウヤムヤになるのだが、さすがに、一度に丸腰の子供8人が殺害されたことで国際社会からの批判も強く、子供たちに発砲したグループは起訴され、リオ地裁は、元警官マルクス・ビニシウス・エマヌエル被告（29歳）に禁固309年の有罪判決を下した。

　さらに、事件から約7年後の2000年6月12日、カンデラリアでの虐殺を生き延びたサンドロ・ロサ・ド・ナシメントが強盗を企てて失敗した後、バスジャック事件を起こし、4時間にわたって籠城しながら、テレビの生中継でブラジルの刑事司法制度がいかに貧困層に不当であるかを訴えた。この一件は、ナシメントが逮捕され、移送される途中のパトカーの車内で「窒息死」したこととあわせて、ふたたび、ブラジルが抱える社会矛盾をまざまざと見せつけ、国際社会に大きな衝撃を与えた。

　なお、この事件の概要は、2002年にドキュメンタリー映画『バス174』としてまとめられ、数多の国際映画賞を受賞したので、ご記憶の方もあるかもしれない。

　その後、2003～2010年のルイス・イナシオ・ルーラ・ダ・シルヴァ（以下、ルーラ）政権下では、折からの資源価格の高騰もあってブラジル経済は好況を呈し、ルーラ政権も"飢餓ゼロ計画"を掲げて貧困層への支援に積極的に取り組んだこともあって、ブラジル社会は安定し、治安状況も改善されていった。

　ところが、資源バブルがはじけたことで、ブラジル経済は2010年の7.5％成長をピークに下降線をたどり、2015年はマイナス3％成長に転落。ルーラの後を継いだジルマ・ルセフ政権は、景気対策として金融緩和を行ったものの、この政策はインフレを引き起こし、国民生活は大きな打撃を受けることになった。加えて、政府中枢を巻き込んだ大規模な汚職事件が発覚し、大統領のルセフ本人も弾劾裁判の対象となるなど、政治も混乱。こうしたなかで、賃上げなどを要求して警察や消防までもがストライキを敢行したため、ブラジルの治安状況は大いに悪化している。

そうした中で、五輪を目前に控えたリオデジャネイロ国際空港では、待遇の改善を求める警察官や消防官が「地獄へようこそ。警察と消防士には給料が支払われていない。リオデジャネイロに来る人は誰も安全ではない」と書かれた横断幕と殉職警官を模したマネキン人形を掲げ、政府に抗議するパフォーマンスも行われている。参加者によれば「市民や外国人観光客にブラジルの現実を知ってもらうため」というのだが……。

　ことここにいたっては、かつてのスペインの船乗りにあやかって、旅行者はカンデラリアの聖母に道中の無事をひたすら祈り続けるしかないのだろうか。

カテドラル・メトロポリターナ

　リオには有名無名の教会が数多くあるが、カンデラリア教会に勝るとも劣らぬインパクトがある教会と言えば、やはり、リオデジャネイロ大司教座が置かれているカンデラリア・メトロポリターナであろう（図51・52）。

　もともとリオの大司教座は、カンデラリア教会からもほど近いプリメイロ・デ・マルソに面したノッサ・セニョーラ・ド・モンテ・ド・カルモ教会（旧大聖堂。図

図52　カテドラル・メトロポリターナを取り上げた2010年の切手。

図51　カテドラル・メトロポリターナと十字架の塔。

第4章 旧市街を歩く

図53 ノッサ・セニョーラ・ド・モンテ・ド・カルモ教会（旧大聖堂）。

図54 旧大聖堂の塔に据えられた巨大なマリア像。

53）に置かれていた。

同教会は、1590年にブラジルにやってきたカルメル修道会が建立した小さな礼拝堂だった。その後、礼拝堂は拡張され、1770年、"カルメル山の聖母教会"を意味するノッサ・セニョーラ・ド・モンテ・ド・カルモ教会として聖化された。

1808年、ポルトガル王室がリオに遷移すると、国王マリア1世がカルモ修道院を御座所としたことから、近接するノッサ・セニョーラ・ド・モンテ・ド・カルモ教会は王室礼拝堂となり、あわせて、リオの大司教座が置かれることになった。

以後、1889年の帝政廃止までの間、ノッサ・セニョーラ・ド・モンテ・ド・カルモ教会は王室／皇室の教会として、ジョアン6世の戴冠式（1816年3月20日）、王太子時代のドン・ペドロ1世の結婚式（1817年11月6日）、ドン・ペドロ1世の戴冠式（1822年10月12日）、ドン・ペドロ2世の戴冠式（1841年7月18日）、皇女イザベルの結婚式（1864年10月15日）など、王室／皇室の慶事の舞台として使われた。

共和制の発足に伴い、ノッサ・セニョーラ・ド・モンテ・ド・カルモ教会は皇室礼拝堂ではなくなったが、その後も、リオデジャネイロ大聖堂としての地位は維持し、20世紀初頭には、塔の頂上に聖母マリアの巨大な像（図54）

119

を据えた現在の姿になった。

　その後、リオからブラジリアへの遷都後、リオ市内の再開発の一環として、1964年、レプブリカ・ド・パラグアイ通りとレプブリカ・ド・チリ通りに面した土地に新たな大聖堂の建設が始まり、1976年、現在の大聖堂が完成。リオデジャネイロ大司教座もそこに移された。

　さて、カテドラル・メトロポリターナは、教会建築としては珍しい円錐形で、直径106メートル、高さ96メートルで収容人員は2万人。円錐形の形は、人々と神との等しい関係、近さを表しているのだという。

　天井には十字型の天窓があり、そこから床へ64メートルのステンドグラスが東西南北4方向に伸びている（図55）。

　カトリックの教会のステンドグラスというと、聖書の物語をモチーフにしたデザインが一般的だと思うが、目の前のステンドグラスは抽象的なデザインで、神

図55　カテドラル・メトロポリターナのステンドグラスと主祭壇。

図56　宙に浮かぶ磔刑のキリスト像。

の降臨を表現しているのだそうだ。なるほど、主祭壇の上空には、現代美術風にアレンジされた磔刑のキリスト像が中空に吊り下げられており（図56）、それが、白い光の十字から放射状に伸びた色とりどりのステンドグラスに囲まれているさまは、キリストの上に神が降りてくる場面と言われれば、そのようにも見えてくる。

　もっとも、信仰心のない僕などからすると、円錐型の教会の構造とあわせて、教会の室内デザインは、神の降臨というより、SF映画で宇宙人が地球に降り立つ場面の再現と見立てた方がしっくりくるのだが。

　教会には東西南北に入口があり、東の入口にはキリスト像（図57）が、西の入口には、カトリックで人気の高い聖人、"アッシジのフランチェスコ"の像（図58）が置かれている。

　フランチェスコは、1182年、イタリア半島中部のアッシジで富裕な商人の家に生まれた。若い頃は贅沢三昧の放蕩息子だったが、1202年、隣町のペルージャとの戦闘に参加して捕虜になり、牢獄で病気になる。その後、親の金で解放されたが、それまでの裕福な生活に疑問を持ち始め、25歳の時に、アッシジのサン・ダミアーノ教会で「壊れかけた我が家を建て直せ」との神の声を聞いたという。以後、フランチェスコは生家の財産を貧しい人びとに施し、相続権も放棄。家族に別れを告げ、襤褸をまとい、貧民街でひたすらイエスと一致することを祈り続け、1209年、徹底した清貧と禁欲を説く托鉢修道会、フランシスコ会を組織し

左：図57　カテドラル東側入口のキリスト像。
右：図58　カテドラル西側入口の聖フランチェスコ像。

た。1226年、44歳で没。

フランチェスコの逸話として有名なのは"小鳥への説教"であろう。

あるとき、道端の木にさまざまな種類の小鳥の大群がいるのを見かけた彼は、霊感を受けて小鳥の方へ近づき、以下のような説教を行ったという。

> 小鳥よ、あなたたちはすばらしい衣服を
> 身につけている
> 私はよれよれの修道服を着ているが
> これとて自分で手に入れたものだ
> ところがあなたたちの衣服は
> 自分で心配したものではない
> あなたたちは透明な声で鳴くが
> それもまたいい声になろうとして
> なったわけではなく
> 神様がくださったものだ
> 素直なあなたたちには大きな恵みがある

フランチェスコが説教を始めると、木の枝にとまっていた小鳥たちは地面に下り、彼の周りに群れ、その衣にも触れたが、じっと動かなかったという。

カテドラル入口のフランチェスコ像の手に小鳥が乗っているのも、このエピソードを踏まえたものである。

教会の中を歩いていたら、聖セバスティアヌスの像（図59）を見つけた。

カテドラル・メトロポリターナは、正式には"カテドラル・メトロポリターナ・デ・サン・セバスティアヌス"、すなわち、聖セバスティアヌスの首都大聖堂として、リオの守護聖人の聖セバスティアヌスに捧げられ

図59 カテドラル内に安置されていた聖セバスティアヌス像。

図60 ポン・チ・アスーカルを背景にした聖セバスティアヌス像を描くリオデジャネイロ市450年の記念切手。

第4章　旧市街を歩く

図61　カンデラリア教会の聖セバスティアヌス像。
図62　旧大聖堂外壁の聖セバスティアヌス像。

図63　通りの反対側のビルの壁面に映ったカテドラル・メトロポリターナ。

たものだから、彼の像があるのも当然である。ただ、僕は、当初、この像こそがリオデジャネイロ市450年の記念切手（図60）に取り上げられている聖セバスティアヌス像なのではないかと思ったのだ。

カテドラル・メトロポリターナに来る前にも、カンデラリア教会（図61）と旧大聖堂の外壁（図62）の聖セバスティアヌス像を見たのだが、どちらも、切手の像とは大きくタイプが異なっていたので、今度こそは……と期待したのだが、実際に切手を出して像と見比べてみると、手の角度や矢の刺さり具合などが異なっていた。どうやら今回もお目当ての像ではなかったようだ。

堂内を一回りした後、教会の敷地を出て、中心部に向かおうとすると、来たときには全く気づかなかったが、ふと見ると、通りの反対側のビルの鏡面加工のガラスに、カテドラルの外観が映って、逆さ富士ならぬ逆さ教会となっているのに気がついた（図63）。

123

ただでさえ、"近未来"っぽい姿のカテドラルが、ガラスの窓枠でいくつにも細分され、ところどころで微妙に歪んでいるのは、それこそ、SF映画に出てくる時空の歪みが目の前に表現されているようで、ちょっとした奇観だった。

リオ・ブランコ通り

　カテドラル・メトロポリターナからレプブリカ・ド・チリ通りを道なりに東へ進むと、数分でリオの南北のメインストリート、リオ・ブランコ通りにぶつかる。
　リオ・ブランコ通りは20世紀初頭の都市開発で整備された道路で、当初は"中央通り（Avenida Central）"と呼ばれていた。
　1889年の共和革命を経て20世紀初頭の頃までのリオには、ヨーロッパからの移民に加え、農園から解放された奴隷が大挙して押し寄せたことで、環境が急速に悪化。スラム地区が連なり、黄熱病、天然痘、コレラが蔓延して、"死の街"とさえ呼ばれることもあった。
　こうしたなかで、1902年に第5代大統領に就任したロドリゲス・アルヴェスは、コルコヴァード鉄道の建設にも関わった都市計画家フランシスコ・ペレイラ・パソスをリオデジャネイロ市長に起用して首都改造に乗り出した。その中核となったのが、パリのブールバールをモデルに建設されたリオ・ブランコ通りだった。なお、リオ・ブランコ通りの建設に際しては、幅33メートル、長さ1800メートルの区間内で641軒の家屋が破壊され、約3900人が移住させられたという。
　こうして開通したリオ・ブランコ通りの両側に、パソスは巨大な折衷様式の建築を並べ、リオ市街の景観を"南米のパリ"と呼ばれるまでに変貌させた。
　なかでも、1905年から1909年にかけて、女子修道院跡に整備されたシネ

左：図64　市立劇場を描く1978年の切手。

右：図65　市立劇場を描く2009年の切手。

第 4 章　旧市街を歩く

図66　オープン時の市立劇場。

図67　現在の市立劇場。

125

図68　市庁舎。

　ランデア広場とその周辺には、パリのオペラ座を模したという市立劇場（図64・65・66・67）、国立美術館、リオ市庁舎（図68）、国会図書館、連邦司法文化センター（旧高等法院。図69・70）など壮麗な建築が軒を連ねている。

　シネランデア広場の正式名称はフロリアーノ・ペイショット広場だが、これは、第2代ブラジル大統領のフロリアーノ・ペイショットの記念碑（図71）があることにちなんだネーミングだ。

　ペイショット（図72）は、帝政時代の1839年、ブラジル北東部沿岸のマセイオ生まれ。三国同盟戦争で軍功を挙げ、帝政末期の1884〜85年にはブラジル高原西部のマトグロッソ州の知事に任じられた。

　1889年11月15日に共和革命が起こると、1890年4月19日、デオドーロ・ダ・フォンセカを首班とする臨時政府で陸軍大臣に任じられ、翌1891年2月26日、ダ・フォンセカが選挙を経て正式に大統領に就任すると、副大統領となった。

　革命後のブラジルは政情が安定せず、議会と大統領の関係は険悪だった。このため、11月3日、大統領は事態を強行突破すべく、非常事態を宣言して国民議会を解散させたが、解散に反対する議員たちはこれに抵抗。海軍は議員たちを支持し、大統領が辞任しなければ大統領官邸を砲撃すると通告したため、11月23日、ダ・フォンセカは辞職し、副大統領のペイショットが後継大統領となった。

第 4 章　旧市街を歩く

図 69　連邦司法文化センター（旧高等法院）。

図 70　連邦司法文化センターのホール階段と、目隠しをして剣と天秤を持つ正義の女神のステンドグラス。

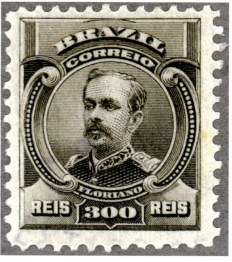

左：図71　ペイショット記念碑。

右：図72　ペイショット。

図73　1910年のペイショット記念碑除幕式の風景を取り上げた絵葉書。

ペイショットは陸軍とコーヒー農場主の支持を取りつけ、前大統領を支持した州知事を更迭。また、副大統領の大統領昇格を憲法違反（憲法にはその規定がなかったため）とする将軍たちを退役させ、1893年から1894年にかけて、南部のリオグランデ・ド・スル州およびサンタカタリーナ州で発生した叛乱を鎮定して"鋼鉄の元帥"と呼ばれた。経済政策でも、物価統制策を採用したため、国民生活は安定した。

　こうしたことから、ペイショットに対する国民の支持は高く、1894年の大統領選挙への出馬を望む声も強かったが、彼はこれを固辞して1期で引退。翌1895年、56歳で亡くなった。

　ペイショットの記念碑は、そうした彼の功績を称えて建立されたもので、1910年4月21日、多くの市民を集めて盛大に除幕式が行われた（図73）。

　ペイショットの時代の残り香は、リオ・ブランコ通りから1本西側、帝政時代のブラジルの国民詩人の名を冠したゴンサウヴェス・ヂアス通りにあるカフェテリア、コロンボに行けば感じることができる。広場からは歩いて5分ほどの場所

図74　コロンボの店内。左：1階フロアの客席。右：ビールを運ぶウェイター。

図75　コロンボの天井の装飾

だ。コロンボの開業は、リオ・ブランコ通りが開通する以前の1894年で、現在なお、当時のままの内装で営業をしているという店内（図74・75）は、ヨーロッパの頃のコロニアルな雰囲気にあふれた優雅なつくりだ。リオが"南米のパリ"と呼ばれるようになるまでは、リオで"パリ"の雰囲気を味わいたくなって、ここに通っていた紳士淑女も多かったに違いない。

　ペイショット記念碑は市内のランドマークの一つになっていて、激しい往来する中で、待ち

図76　ペイショット記念碑周辺でのテレビの撮影風景。

合わせ中と思しき人たちが所在なさげに立っていたり、テレビ局のクルーが中継をやっていたり（図76）する光景は、日本でいう渋谷のハチ公前のような風情がある。

　広場の一角には、1921年創業というオープンスペースのバールがあって（図77）、20世紀初頭のクラシックな建造物群を見ながらの飲食が楽しめる。

　日本のビヤホールでフライドポテトと生ビールを頼むのと同じ感覚で、軽いつ

130

第 4 章　旧市街を歩く

図 77　シネランデア広場のバール。

図 78　バールで出てきたエビのフリット。

まみのつもりでエビのフリットを頼んだら、山盛りのエビがどーんとやってきた（図 78）。

　青空の下で揚げたてのアツアツ、ぷりぷりの海老は生ビールとの相性も抜群だったが、その分、杯も進むので、半分も行かないうちに充分に腹が膨れてきて、眠くなってきた。

　こんな繁華街でうたた寝なんかしてしまったら、財布やスマホを盗られかねないから、なんとか我慢しなくてはと思うのだが、無情にも瞼がだんだん重くなる。やはり、生理現象には勝てないかと諦めかけていたところ、すらっとした女性が目の前を通り過ぎていった（図 79）。

　どこかで見たことがあるような顔だと思って、彼女を目で追って行ったら、彼女の横顔の向こうにペイショット記念碑の台座が見えた。

　そうだ。あの台座、の女性の彫刻（図 80）に雰囲気が良く似てる！

131

そう気づくまでの時間は、おそらく2、3秒だったろうが、その間に彼女とともに眠気もどこかへ去っていった。

そういえば、彫刻の女性の足元には、"À BEM AMADA PÁTRIA/ A GRATIDÃO DE SEUS FILHOS（最愛の祖国にその子供たちの感謝をこめて）"の銘板がつけられていたな。

"目の覚めるような"という比喩ではなく、本当に僕の目を覚ましてくれた眼福の彼女には、僕も感謝せねばなるまい。

図79　シネランデア広場を通り過ぎていった女性。

図80　ベイショット記念碑の台座につけられた女性の彫刻。

第5章　フラメンゴとマラカナン

ブラジルにサッカーが伝来したのはいつか

　2016年8月のリオ五輪で開会式と閉会式の会場となった"エスタジオ・ド・マラカナン（マラカナン競技場。図1）"は、メトロのマラカナン駅からすぐの場所にある。

　もともとこの競技場は、1950年に行われたワールドカップで使われたサッカー・スタジアムで、開設当初の正式名称は"リオデジャネイロ市営スタジアム"である。

　その後、1966年には、ブラジルのサッカー振興に貢献したジャーナリスト、マリオ・フィーリョの功績を称えて"エスタジオ・マリオ・フィーリョ"が正式名称となったが（図2）、実際には、マラカナン地区にあることから"エスタジオ・ド・マラカナン（マラカナン競技場）"と呼ばれることがほとんどだ。

図1　マラカナン競技場前からコルコヴァードの丘を望む。

図2　競技場正面のゲートには、施設の正式名 "エスタジオ・マリオ・フィーリョ" が掲げられている。

　"マラカナン" とは、もともとは、先住民トゥピー族の言葉で "鈴のような" を意味する単語で、そこから鈴のような声で鳴く小鳥の名前となり、その鳥が数多く棲息するリオ郊外の沼地も "マラカナン" と呼ばれるようになったという。
　1855年、競馬の運営会社だった "デルビー・クルービ（英語風の発音ではダービー・クラブ）" は、マラカナンの沼地を買い取って競馬場を建設したが、この競馬場はほどなくして経営難から閉鎖されてしまった。
　ブラジルにサッカーをもたらした人物については諸説あるが、一般には、1893年、繊維工場で働くためにリオに移住したスコットランド出身のトーマス・ドノホーが挙げられることが多い。
　ブラジルに移住前、母国の複数のクラブチームでプレイしていたドノホーは、移住の際にスコットランドからサッカーボールとシューズを持ち込んだ。翌1894年4月、彼の提案で5対5のミニサッカーが開催されたのが、ブラジルで行われた最初のサッカーの試合で、このときサッカーの楽しさや魅力に惚れ込んだカリオカの間に、急速にサッカーが普及していったといわれている。
　一方サンパウロでも、1894年、同地出身のチャールズ・ミラー（当時19歳）

が、イングランドで 10 年間の学生生活を終え、生まれ故郷のブラジルに 2 つのサッカーボールと数冊のサッカーブックを携えてサントス港に降り立ち、この地にサッカーをもたらした。

ミラーの父、ジョンはサンパウロで鉄道技師をしていたスコットランド人で、息子を祖先の国で教育を受けさせるために、イングランドの寄宿学校に入学させた。学生生活の 10 年間ですっかりサッカーに魅せられたチャールズは、英国のチームでもフォワードとして活躍し、ブラジルまで帰国する長い船旅の間、甲板の端から端までドリブルしながら、ボールさばきを練習していたという。

ところが、1894 年に帰国した彼は、ブラジルではフットボールのルールを誰も知らないことに驚き、サンパウロの東地区、現在のブラス駅付近にブラジル最初のサッカーフィールドを作ってサッカーを普及させようとした。そして、彼の普及活動の結果、翌 1895 年にはサンパウロで両者とも英国人から成る、鉄道会社チームとガス会社チームの間で初の試合が行われたという記録がある。

いずれにせよ、1890 年代前半まで、ブラジルではサッカーをする習慣がなかったわけだが、道路や海岸などでサッカーが行われていくうちに、ほどなくブラジル人によってフットボール・クラブ（FC）が創設されていく。

ちなみに、現在、リオの 4 大クラブとされている主要クラブが結成された年代は、CR フラメンゴが 1895 年、ヴァスコ・ダ・ガマが 1898 年、フルミネンセが 1902 年、ボタフォゴが 1904 年である。

このうち、最初に創設された CR フラメンゴは、正式名称をクルーベ・ジ・ヘガータス・ド・フラメンゴ（Clube de Regatas do Flamengo）といい、その名の通り、もともとはボートのレガッタ・チームだった。クラブ創設 100 周年の記念切手（図3）の左上に描かれた創設当時のエンブレムに錨とオールが描かれているのもそのためである。

なお、CR フラメンゴと言えば、赤と黒の横縞のユニフォームが有名だが、サッカーのクラブとして活動を始めた当初は、赤と黒の間に白線が入っていたという。ところが、第一次大戦でブラジルが協商国側で参戦すると、赤・白・黒の色使いは敵国ドイツの国旗と同じであるというこ

図3　CR フラメンゴ創立 100 周年の記念切手。

とから、白線を除いて、現在のような赤と黒の組み合わせになったという。

ゴメスとヴァルガス

ところで、フラメンゴというクラブ名は、リオ市内、グアナバラ湾に面したカテテ地区とボタフォゴ地区の間にあるフラメンゴ地区に由来する。

この地区は、1599年、オランダ人のオリヴィエ・ファン・ノールトが上陸を試みてポルトガル人と戦闘になったことから、ポルトガル語でファンノールトの出身地"フランドル（現在の国名でいうと、オランダ南部、ベルギー西部、フランス北部にかけての地域）"を意味するフラメンゴの名で呼ばれるようになった。

現在、フラメンゴ地区の海岸に面した1.2平方キロの土地には、1965年、ホベウト・ブーレ・マウクスの設計により造成されたエドゥアルド・ゴメス公園（通称・フラメンゴ公園）が広がっている。

公園の名前になったエドゥアルド・ゴメス（図4）は、1896年、リオ生まれ。1918年に士官学校を卒業し、ブラジル南部パラナ州の州都クリティーバに配属された後、1921年には

図4　エドゥアルド・ゴメス（没後1周年の追悼切手）。

図5　トリンダデ島。現在は、監獄は廃止され、海軍の守備隊32人が駐留する以外は無人である。

現在のサントス゠ドゥモン空港の場所にあった軍航空学校に入学した。

翌1922年、カフェ・コン・レイテ体制下でミナスジェライス州出身のベルナルデスが次期大統領に当選したことに抗議して、コパカバーナで若手将校が叛乱を起こすと、ゴメスもこれに加わった。叛乱は失敗に終わったが、叛乱で生き残った青年将校、"コパカバーナ要塞の18人"の一人として、その名が広く知られるようになった。

叛乱後の1923年、ゴメスは逮捕されたが翌1924年末には釈放された。しかし、その後もカフェ・コン・レイテ体制に抵抗して南部での叛乱に加わろうとしたため逮捕され、大西洋上のトリンダデ島（図5）の監獄に収監されている。1926年にはワシントン・ルイス大統領就任の恩赦で再び釈放されたものの、反政府活動は止めず、1928年にはまたもや収監された。

1930年、ゴメスは釈放されたが、この年は、ジェトゥリオ・ドルネレス・ヴァルガス（図6）が"1930年10月3日革命"の軍事クーデターで政権を掌握した年でもある。

ヴァルガスは、1882年、ブラジル南部のリオグランデ・ド・スル州サン・ボルジャ生まれ。ポルト・アレグレ法科大学卒業後、政界入りし、州議会議員、連邦議会議員、大蔵大臣、リオグランデ・ド・スル州知事等を歴任した。

1930年の大統領選挙では、カフェ・コン・レイテ体制の慣例に従い、ミナスジェライス州出身のアントニオ・カルロスが出馬の

図6　1930年10月3日革命の記念切手に取り上げられたヴァルガス。当初、寄附金つき切手として発行が計画されたが、実際には、印面に表示された寄附金の部分は無視して販売された。

準備を進めていたが、現職のワシントン・ルイス大統領は慣例を破ってサンパウロ州知事のジュリオ・プレステスを与党の大統領候補に指名した。

このため、後継指名を逃したカルロスを中心に反サンパウロ勢力を糾合した"自由同盟"が結成され、ヴァルガスが大統領候補として擁立されることになった。

3月1日に行われた大統領選挙では、プレステスが109万7000票を獲得して当選し、ヴァルガスは74万4400票で敗れた。ところが、選挙後の1930年7月、自由同盟の副大統領候補だったジョアン・ペソアが暗殺されると、カフェ・コン・

レイテ体制に対する国民の批判が殺到。それを背景に、同年10月3日、リオグランデ・ド・スルとミナスジェライスで青年将校らによる叛乱が発生する。

以後、叛乱はブラジル南部を中心に拡大し、10月24日、ワシントン・ルイスは辞任。ヴァルガスはリオグランデ・ド・スルから鉄道でリオデジャネイロ入りし、11月3日、臨時大統領に就任した。

ヴァルガスは行政権のみならず立法権も掌握し、1891年に公布された共和国憲法を停止。連邦議会と州議会は解散を命じられ、全国の州知事は罷免され、各州には臨時政府の任命する執政官が派遣されることになった。

当然のことながら、カフェ・コン・レイテ体制の崩壊により既得権を失ったサンパウロ州では、ヴァルガスに対する不満が渦巻いていたが、サンパウロ州出身者ではなく、ペルナンブーコ州出身のジョアン・アルベルトが執政官として派遣されると反ヴァルガスの機運が横溢した。

かくして、サンパウロ州の反ヴァルガス勢力は"護憲革命"を主張して反ヴァルガス・キャンペーンを展開。両者の対立は、ついに、1932年7月9日、武力衝突に発展する（図7）。

こうして始まったサンパウロの"護憲革命"で、サンパウロ側は州兵を動員し、志願兵を募って戦ったが、3ヵ月後の10月、圧倒的な兵力を有する政府軍の前に敗退した。

ただし"革命"の鎮圧後、ヴァルガス政権は一定の譲歩を余儀なくされ、サンパウロ州の執政官には同州出身のアルマンド・デ・サレス・オリヴィエが任じられ、1933年5月には制憲議会選挙が実施されることになった。

こうして、制憲議会の開院を経て、1934年7月、非識字者を除く18歳以上の男女に選挙権を与えたほか、労働者保護や初等

図7　1932年の"護憲革命"50周年の記念切手。

138

教育の義務無償化などを盛り込んだ新憲法が制定された。そして、新体制下での初代大統領は議会の間接選挙で選出するとの規定に則り、ヴァルガスは議会によって選出され、正式に大統領に就任した。

ところで、1934年憲法では、大統領の任期は1期4年で再選は不可とされていたため、1937年末には大統領選挙が実施される予定だった。ところが、1937年9月、共産党によるクーデター計画（コーエン計画）が"発覚"したため、ヴァルガスは「戦時令」を布告し、11月10日

図8　ヴァルガスの肖像を取り上げた"エスタード・ノーヴォ"1周年の記念切手。

には連邦議会を停止した。ちなみに、このとき、空将として、第一航空師団を率いて共産主義者の武装蜂起を鎮圧したのがエドゥアルド・ゴメスである。

議会の停止に続き、ヴァルガスは新憲法を発表し、イタリア・ファシズムに倣った"エスタード・ノーヴォ（新国家）"体制を成立させ（図8）、自らを"貧者の父"との家父長イメージで演出するとともに、ナショナリズムを前面に押し出し、多種多様な出自の国民を"ブラジル人"として統合すべく、権威主義体制を構築した。しかし、以後、ゴメスはヴァルガスの独裁を嫌って政権と距離を置くようになり、次第に、保守派の側からの反ヴァルガスの象徴的な存在になっていく。

以後、ヴァルガスは第二次世界大戦中も独裁政治を続けたが、戦争の終結により独裁体制への国民の不満が爆発。ヴァルガスは1945年末にエスタード・ノーヴォ体制下の最初の選挙を実施することでガス抜きを図ろうとしたが、その前に、10月末、軍事クーデターが発生して下野を余儀なくされた。

ヴァルガス失脚後の1945年12月の大統領選挙では、ヴァルガス時代に政権

を支えていた勢力が社会民主党を組織してエウリッコ・ガスパール・ドゥトラを、政権に批判的だった勢力が全国民主同盟を組織してエドゥアルド・ゴメスを、それぞれ、大統領候補として擁立した。事前の予想では、ゴメスが有力視されていたが、実際にはドゥトラが 55％ の得票率で当選した。その背後には、下野してなお、国勢に隠然たる影響力を持っていたヴァルガスが、社会民主党とブラジル労働党の連立を仕組んだという事情があり、ヴァルガス自身も、大統領選挙と同時に行われた上院議員選挙で当選した。

そして、1950 年の大統領選挙では、ヴァルガスはブラジル労働党から立候補し、社会進歩党と連立して当選する。ちなみに、この時の選挙でも、ゴメスは全国民主同盟の候補として出馬していた。

図 9　ペトロブラス設立 5 周年の記念切手にもヴァルガスの肖像が取り上げられている。

政権に復帰したヴァルガスは、都市プロレタリアートや左翼からの支持を集めるため、左派ポピュリスト的な政策を推進し、石油国有化と精製事業の独占のため、1953 年、半官半民の石油公団"ペトロブラス"を設立した（図 9）。また、工業化の進展に伴い、インフレが進行したことに対応して、1954 年のメーデーには労働者に対して 100％ の賃上げを発表した。

しかし、右派勢力は左傾化したヴァルガスを激しく非難し、米国もヴァルガスの独裁を批難した。こうした中で、ヴァルガス批判の急先鋒だったジャーナリスト、カルロス・ラセルダの暗殺未遂事件が発生する。

ラセルダ自身は軽傷で済んだが、その場に居合わせた空軍少佐が殺害され、ヴァルガス本人も事件への関与が疑われて大統領辞任の圧力はかつてないほど高まった。こうした中で、1954 年 8 月 24 日、ヴァルガスはピストル自殺する。

ヴァルガスの死により、状況は一変。ヴァルガス批判を展開していた新聞社や米国大使館は焼打ちに遭い、ラセルダは国外に逃亡を余儀なくされた。

一方、ヴァルガスの自殺後、ゴメスは、後継のカフェ・フィーリョ暫定政権下で航空大臣に就任。以後、大統領が交替しても、1967 年まで航空大臣の地位を維持し続け、1981 年に亡くなった。

第5章　フラメンゴとマラカナン

図10　リオ市内を走るタクシーの車窓から見た戦没者慰霊塔。

第二次大戦に参戦

　さて、フラメンゴ公園には、ダリやピカソの絵も収蔵しているという近代美術館もあるのだが、リオ滞在中、近隣を通るバスやタクシーの車窓から見えていた第二次大戦の戦没者慰霊塔（図10）がずっと気になっていたので、マラカナン競技場へ行く途中、メトロを途中下車して立ち寄ることにした。

　1939年9月に第二次大戦が勃発した当初、ブラジル国内では、陸軍の上層部はドイツに好意的であったが、ヴァルガスは中立を維持していた。

　ところが、1941年12月、日本軍による真珠湾攻撃を受けて大戦に参戦した米国は、ブラジル北東部の戦略的な位置を重視し、ブラジルを自陣営に取り込もうとする。その一環として、米国は、ヴァルガス政権の経済政策の目玉の一つであったヴォルタ・レドンダ国立製鉄所（図11）の建設資金として2000億ドルを供与し、その代償として、レシフェに米軍基地を設置した（図12）。一方、ヴァルガス政権も、中立を掲げながらも、明らかに米国寄

図11　ヴォルタ・レドンダ製鉄所を取り上げた1957年の切手。

141

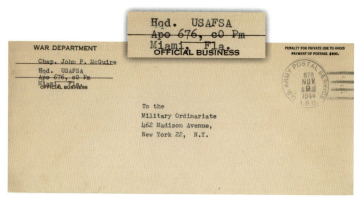

図12　第二次大戦中、レシフェの米軍基地から差し出された郵便物。機密保護のため、差出地は"マイアミ気付第676軍事郵便局"となっている。

りの外交路線に舵を切るようになっていった。

　一方、米国と戦闘状態に突入したドイツは大西洋戦線で潜水艦Uボートを用いた連合国の通商破壊作戦を展開していたが、その結果、1942年1月から7月までの間に13隻のブラジル商船がドイツの潜水艦攻撃によって沈められた。さらに、同年8月には、潜水艦U-507により、2日間で5隻のブラジル船が沈められ、600人以上が犠牲になっている。この8月のUボート攻撃に対して、ブラジル国内の反独世論が沸騰。ヴァルガスは陸軍内の反対論を抑え込んで、8月22日、ドイツに対して宣戦を布告した。

　図13は、ブラジルの対独戦線から間もない1942年10月、リオから米コロラド州デンバー宛に差し出された郵便物だが、切手とは別に、Uボートによって沈められたブラジル商船を描く戦意高揚ラベルが貼られている。日米開戦時の米国が"リメンバー・パールハーバー"のフレーズで日本への敵愾心と愛国心を煽ったのと相似形をなすプロパガンダと言ってよい。また、ラベルには「物価の上昇はナチスの海賊行為の結果」との文言も入っており、Uボートによるブラジル商船への攻撃が単発的な"事件"ではなく、遠いヨーロッパの戦争がブラジル国民にとっても無関係ではないことが強調されている。

　一方、図14は、1943年9月、リオからニューヨーク宛に差し出された書留便で、こちらは、ブラジルを狙うナチスの鍵十字をつけた腕と「ヒトラーの言葉：我々はブラジルをドイツ人の土地に変える」との文言が入ったプロパガンダ・ラベルが貼られている。

　ブラジルには19世紀以来、多くのドイツ系移民が渡っていたこともあり、ヒ

第 5 章　フラメンゴとマラカナン

図13　Uボートによって沈められたブラジル商船を描いたラベルが貼られた郵便物。

図14　反ナチのプロパガンダ・ラベルが貼られたニューヨーク宛の書留便。

　トラーは 1933 年の政権掌握以前からブラジルに興味を持っていたらしい。1939年にヘルマン・ラウシュニンクが発表した『ヒトラーとの対話』（邦題『永遠なるヒトラー』）によると、政権掌握以前の 1932 年の時点で、彼は次のように語ったとされている。

　　ブラジルに新しいドイツを建設しよう。そこにはわれわれの望むすべてのものがあるのだ。フッガー家とヴェルザー家がそこに土地を持っていたのだから、われわれは南米大陸に対して権利がある。われわれは、統一以前のドイ

143

ツが破壊してしまったものを修復しなければならない。

　ラウシュニンクの証言については、発表当時、大いにセンセーショナルなもの
として受け止められる反面、その信憑性に疑問があるとの指摘もなされている
が、少なくとも、ブラジルでは上記の発言が実際にあったと考える人が少なから
ずいたからこそ、ヒトラーが南米を狙っているとのプロパガンダ・ラベルが作ら
れ、郵便物に貼られて、人々の生活の中を往来していたと考えてよい。

　ちなみに、この郵便物では、ラベルの上に"この手紙は英語で書かれている"
とのポルトガル語の印が押されている。

　日米開戦の以前から、ヴァルガスのエスタード・ノーヴォ体制は、多種多様な
国民を"ブラジル人"として統合すべく外国人移民やその子弟のブラジルへの同
化政策を進めており、1938年には、外国人子弟への外国語の教育制限（都市部で
は11歳、内陸部では14歳以上にならないと、移民の子弟に外国語を教えることはでき
ない）とポルトガル語教育の義務化が実施され、同年末には日本人学校が廃止さ
れた。さらに、1941年7月には日本語新聞の発刊も停止されている。

　さらに、対独開戦とともに、枢軸諸国の言語による出版活動のみならず、公共
の場におけるこれらの外国語での会話が禁止され、ローカルな軍や警察のレベル
では、それが拡大解釈され、路上で母国語を話した日本人、イタリア人、ドイツ
人などが逮捕されたり、外国語の短波放送を聞いた移民が逮捕され、ラジオを没
収されたりする事件が頻発した。

　こうした状況の中で、当然のことながら、外国との郵便物のやり取りも当局に
よる検閲の対象となり（この郵便物の場合、右側に、ブラジル当局によって郵便物が
開封・検閲された痕跡としてブラジル通信省の封緘紙が貼られている）、封書の場合は、
内容文で使用している言語を封筒に記載することも義務づけられた。ラベルの上
の紫色の印もこうした事情により押されたものである。

　大戦末期の1944年になると、ブラジルは連合国の一員として、ラテンア
メリカ諸国として唯一、米軍の指揮下に2万5000名余の遠征軍（FEB:Força
Expedicionária Brasileira）をイタリア戦線に派遣した。（図15）すでに、イタリ
アは前年の1943年に降伏しており、主たる戦闘対象はドイツ軍である。

　1944年7月2日にブラジルを出発したFEBの第一陣5000人は同16日にイタ
リア・ナポリに到着。その後、順次、後続部隊が到着し、米軍を中心とする連合
軍部隊と合流した。その中には、アフリカ系黒人で構成される米第92歩兵師団、

第5章　フラメンゴとマラカナン

図15　イタリアに派遣されたブラジル軍兵士がリオ宛に差し出した軍事郵便。

　日系人で構成される米第442歩兵連隊、ニュージーランド、カナダ、インド、グルカ、英領パレスチナ、南アフリカ出身の英連邦軍、英連邦指揮下のポーランド、チェコ、スロヴァキアの各亡命政府軍、イタリアの反ファシスト勢力、セネガル、モロッコ、アルジェリア出身のフランス軍など、多種多様な人々が含まれていたが、ドイツ軍は、特にブラジル兵を対象としたポルトガル語伝単の散布やプロパガンダ放送に力を入れていたという。
　FEBは、ドイツのケッセルリンク元帥が設定したイタリア北部の最後の防衛線"ゴシック・ライン（リグリア海から内陸に入り、標高1000メートルのアルティッシモ山の山頂を連ねた線）"の攻略戦に参加し、連合国諸部隊とともに、1945年4月7日にまでに難攻不落と謳われたゴシック・ラインの制圧を完了した。
　その後、FEBは米第4軍と共に北上して4月14日にはモンテーゼを攻略。さらに、4月25日にはパルマに到達し、ターロ川の戦いでは撤退する枢軸軍の激しい抵抗を受けつつも、28日にはフォルノーヴォで枢軸側を包囲してドイツ第148師団を降伏させ、1万3000人を捕虜とした。これにより、ドイツ軍はイタリア戦線で抵抗を続けることが不可能となり、休戦交渉が開始される。そして、5月2日、FEBはトリノに到達し、スーザ渓谷で南下してきたフランス軍と合流したところで、5月8日の終戦を迎え、戦勝国としての地位を確保した。

145

勝ち組と負け組

　こうして、ブラジルは戦勝国となり、日本は敗戦国となったが、日本語新聞の廃刊以降、ポルトガル語を理解しない日系移民の多くは、国際関係についての正確な情報に接することができないまま、ひたすら日本の勝利を信じ、日本の劣勢ないしは敗戦は（連合国の一員である）ブラジル当局のデマだと思い込んでいた。こうして、1945 年 8 月以降、日本が戦争に勝ったと考える"勝ち組"と、日本が戦争に負けたと考える"負け組"に分裂する。なお、当時のブラジル日系社会では、人口 30 万人のうち 9 割以上が"勝ち組"で、日本の敗戦という事実を正確に受け止めた"負け組"のことを「祖国を侮辱する"国賊"である」、「日本は勝った。負けたというのはニセ情報だ。」として攻撃した。

　特に、終戦直前の1945 年 7 月にサンパウロで結成された臣道連盟は"勝ち組"の中でも最大の組織で、「米国の 8 倍の破壊力を持つ日本の原子爆弾で、犬吠崎沖に集結した米英艦隊 400 隻が全滅」、「日本の高周波爆弾により、沖縄の敵 15 万人が 15 分で撃滅」、「日本軍の放った球状の火を出す兵器により、米国民 3650 万人が死亡」、「ソ連、中国が無条件降伏。マッカーサーは、捕虜となり、英米太平洋艦隊は武装解除」など、現在のわれわれから見ると荒唐無稽としか思えない情報を日系社会に流し、多くの日系人がそれを無邪気に信じ込んでいた。

　また、日本人の中にはハッカ（ミント）工場を経営するものも少なくなかったが、"勝ち組"の中には、「米軍機はエンジンにハッカを塗ってエンジンを冷やしているから性能が良い。だから、ハッカを栽培して米国に輸出している日本人は国賊であり、日本の敵である」との流言に踊らされ、ハッカ工場やハッカ農家を襲撃する者が続出する。

　1946 年になると、"勝ち組"の行動はさらにエスカレートし、3 月 7 日、バストスで産業組合の理事をしていた"負け組"の清部幾太が射殺され、以後、計 23 人の"負け組"が同胞であるはずの日系人によって殺害される事態となった。

　また、"戦勝国"の日本へ帰国したいという"勝ち組"の心情につけ込んで、帰国船の切符やシンガポール（"勝ち組"の認識では日本が占領を継続している都市である）の土地を販売する名目での詐欺、無効になった旧日本紙幣や軍票を販売する偽札売りなどの経済犯罪も横行し、日系社会は泥沼の混乱に陥った。

　もちろん、日本政府もこうした事態に何もしなかったわけではない。

第5章　フラメンゴとマラカナン

　1945年10月3日、海外興業サンパウロ支店長の宮腰千葉太から報告を受けた日本政府は、宮越に対して、終戦を告げる文書と、東郷茂徳外相名で日系人に宛てたメッセージを送っている。日本からの文書を受け取った宮越は、日本人の有力者を集めてそれを公開し、日本の敗戦という事実を彼らに伝達したが、そのことはかえって"勝ち組"を激怒させる結果に終わっただけだった。

　その後も、事実を正確に受け止めようという"認識派"の人たちは、日本から新聞や雑誌を取り寄せて配布したり、吉田首相のメッセージも配布したりした。

　ところが、"勝ち組"は一向に説得に耳を貸さず、「アマゾンの奥地には"新日本"という、日本そっくりの国がある。敗戦を説いてまわっているのは、その"新日本"という国から来た人間で、日本人ではない。だまされてはいけない。」との噂さえ広まるほどであった。

　結局、ともかくも"勝ち組"による放火や殺人などのテロを抑え込まなければならないということで、ブラジル政府はもとより、米国務省、日本政府とGHQ、スウェーデン政府までが協力し、粘り強く説得に当たり、終戦から11年以上が過ぎた1956年2月、ようやく、頑強に日本の勝利を信じていた"勝ち組"のメンバーが日本の敗戦を認め、活動の終結を宣言した。

　ちなみに、1973年、ブラジルから、最後の"勝ち組"とされる日系移民の家族が日本に帰国したが、彼らは、「天皇陛下万歳！」と叫んだ後、周囲を見まわして「これが負けた国ですか。やっぱり勝っております」と語ったという。

戦没者慰霊塔

　フラメンゴ公園へは、メトロのフラメンゴ、ラルゴ・ド・マシャド、グローリアの3駅から歩いて行けるのだが、せっかく第二次大戦の戦没者慰霊塔を見に行くのだから、グローリア駅で降りることにした。

　グローリア駅の駅名は、おそらく、公園の東側に広がるグローリア湾に由来しているのだろうが、僕の頭の中では、第二次大戦とブラジルというと、"グローリ

図16　第二次大戦勝利の記念切手のうち、勝利の女神の前を行進する兵士を描いた1枚。

図 17　フラメンゴ公園内のヤシの木の並木道。

図 18　フラメンゴ公園から見たコルコヴァードの丘とキリスト像。

第5章　フラメンゴとマラカナン

図19　フラメンゴ公園から見たポン・ヂ・アスーカル。

ア"の文字の下、勝利の女神の前を行進する兵士を描いた戦勝記念切手（図16）が思い浮かんだので、なんとなく、慰霊碑を詣でるにはふさわしい駅名のような気がしたからだ。

　グローリアの駅を降りて通りを一本渡ると、そこはもう公園の敷地内だった。巨大な慰霊碑を目指してヤシの木が植えられた園内（図17）を進みながら、ふと後ろを振り返ると、遠くにコルコヴァードの丘とキリスト像が（図18）、また進行方向右手、南の方にはポン・ヂ・アスーカルが見える（図19）。時間に余裕があれば、天気の好い日に公園のベンチに腰かけ、弁当を広げながら、リオの2大ランドマークを一度に眺めるのも気持ちよさそうだ。

　10分ほど歩いて、慰霊塔前の広場に着くと、あらためて、高さ31メートルのコンクリート製という慰霊塔の巨大さが実感できる（図20・21）。

　慰霊塔の傍らには、陸海空三軍の戦士を称える三体の群像彫刻（造形作家アウフレッド・セシアッチの作品）と、空軍を称える金属のオブジェ（彫刻家ジュリオ・カテッリ・フィーリョの作品）があって、独特の雰囲気を醸し出している。事情を

149

図20　戦没者慰霊塔。

図21　慰霊塔と兵士の像を取り上げた2010年の切手。

知らない人が見たら、これが戦死者を祀った慰霊施設であるとは想像もできないかもしれない。実際、1968年に公開された日本映画『リオの若大将』では、最後に、加山雄三演じる若大将が恋人役の星由里子と戦没者慰霊塔の前で再開するシーンが出てくるのだが、若大将は呑気に歌を歌っていたりして、厳粛な雰囲気は微塵も感じられない（もっとも、若大将シリーズにシリアスであることを求めるのは、野暮なことこの上ないのではあるが）。

　フラメンゴ公園が現在のような形で整備されたのは1965年のことだったが、公募で選ばれた建築家、マルク・ネット・コンデルとヘリオ・リバス・マリーニョの2人の設計

第5章　フラメンゴとマラカナン

図 22　英霊再埋葬の記念切手。

による慰霊塔本体は1956年から着工し、1960年に完成している。

イタリアで戦死したFEBの将兵466名の遺体は、戦後長らく、イタリア北部トスカーナ州ピストイアのブラジル軍墓地に埋葬されていたが、フラメンゴ公園の慰霊塔本体の完成に合わせて、祖国に帰還し、慰霊塔の下の墓廟に埋葬された。なお、これに伴い、ピストイアのブラジル軍墓地は閉鎖され、現在では、記念碑が立てられている。

1960年12月22日に発行された英霊再埋葬の記念切手（図22）は、当時の慰霊塔周辺の風景を描いているが、これを見ると、ポン・ヂ・アスーカルを背景に、慰霊塔本体と空軍を称えるオブジェは見えるものの、群像彫刻が見当たらない。おそらく、再埋葬にあわせて記念切手を発行するため、慰霊施設の全体が完成する前の資料を基にデザインを制作したためだろう。

慰霊塔地下の墓廟へは、ナチスによる潜水艦攻撃で犠牲になった民間人と戦死した海軍将兵を称えるモザイク（図23）が施された壁面を回ったところの入口から入るようになっている。

図 23　慰霊塔下の墓廟入口に施されたモザイク。

151

図24 ピストイアの旧ブラジル軍墓地から運ばれてきた聖母像。

図26 エジプトによるスエズ運河国有化宣言の記念切手。

図25 第二次中東戦争後の国連緊急軍に参加し、殉職したブラジル軍兵士を称える記念碑。

152

墓廟内部の壁面には英霊たちの名前を刻んだプレートのほか、FEBの活動を示す地図のレリーフ、ピストイアの旧ブラジル軍墓地に置かれていた十字架や聖母像（図24）も展示されていた。

そのなかには、第二次大戦ではなく、1956年の第二次中東戦争（スエズ動乱）の休戦後、現地に派遣された国連緊急軍（UNEF:UNITED NATIONS EMERGENCY FORCE）に参加し、殉職したブラジル軍兵士を称える石碑もあった（図25）。

1956年7月26日、エジプト大統領のガマール・アブドゥンナーセル（ナセル）は、年間1億ドルのスエズ運河の収益をアスワン・ハイダム建設の資金に充てるべく、運河の国有化を宣言し、管理会社である国際スエズ運河株式会社を接収して全資産を凍結した。いわゆるスエズ運河国有化である。（図26）

これに対して、スエズ運河株式会社の株主であった英仏は激怒し、エジプトの宿敵、イスラエルと同調して、運河国有化の阻止を計画。10月29日、イスラエル軍がシナイ半島侵攻作戦を開始し、第二次中東戦争が勃発した。

英仏はエジプト・イスラエルがともにスエズ運河地帯から撤退することを要求し、エジプトがこれを拒否すると、英落下傘部隊がポートサイド（スエズ運河の地中海川の出口）を急襲した。

しかし、英仏によるスエズ侵攻作戦は、米ソを含む国際社会の厳しい非難を浴び、結局、英仏両国は12月2日には作戦中止に追い込まれた（図27）。

国連緊急軍は、エジプトと英仏イスラエルとの間で休戦が成立した後、停戦の監視および英仏イスラエルのエジプト領内からの撤退確認のために派遣されたもので、中東地域に直接の利害関係を有しなかったブラジルは、カナダとととも

図27　エジプトによるスエズ運河からの英仏撤退の記念切手。

図28 国連緊急軍に参加したブラジル軍兵士が本国宛に差し出した郵便物。

図29 陸海空3人の群像はキリスト像を遠くから拝んでいるように見えた。

に、その主要な人材提供国となった。国連緊急軍のピーク時の人員規模は約6000名で、1967年にエジプトの要求で撤兵するまで、エジプト・イスラエルの境界地帯のエジプト側に展開し、停戦監視を続けていた。

　以前、アラブ＝イスラエル紛争に関連する原稿を書くために、関連する切手・郵便物を集中して集めていたことがあって、その際、国連緊急軍に参加したブラジル軍の関係者が差し出した軍事郵便（図28）も入手した。当時は、ブラジルとエジプトという組み合わせには、なんとなく、ピンとこないものが

154

あったのだが、こうしてエジプトに派遣されたブラジル兵を称える石碑の前に実際に立って見ると、両者のつながりが実感としてイメージできるようになるから不思議なものだ。これぞ、切手や郵便物を手掛かりに、歴史の痕跡を求めて歩く漫郵記ならではの醍醐味ではなかろうか。

墓廟を出て、グローリアの駅へ元来た道を戻ろうとすると、陸海空３人の群像彫刻の背中越しにコルコヴァードのキリスト像が両腕を広げていた（図29）。それは、あたかも、山頂の十字架を３人が遠くから見つめているかのようだった。

３人の像を正面から見たときにはわからなかったが、なるほど、この角度から見ると、たしかに、この巨大なモニュメントが慰霊の施設であるということを肌で感じることができる。

中央駅とプレジデンチ・ヴァルガス通り

グローリアの駅からマラカナン競技場までは、そのまま地下鉄に乗っていけばいいのだが、第二次大戦の戦没者慰霊塔を見ていたら、大戦中の大統領であるヴァルガスゆかりの地として、セントラル駅とつながっている中央鉄道（国鉄）のセントラル・ド・ブラジル駅（リオデジャネイロの中央駅）でも途中下車したくなった。

リオでの鉄道の営業が始まったのは帝政時代の1854年だったが、これを受けて、1857年には現在の中央鉄道の建設が開始される。ちなみに、リオとサンパウロの２大都市を結ぶ鉄道が開通したのは1877年のことである（図30）。

リオの中央駅は、1858年に"ドン・ペドロ・セグンド（ペドロ２世）駅"として開業したのがはじまりで、1930年のクーデターで政権を掌握したヴァルガスがリオグランデ・ド・スルから軍服姿で到着したのも1858年に建てられた最初の駅舎（図31）だった。

高くそびえる時計塔が印象的な現在の駅舎（図32・33）は、ヴァルガス政権

図30　リオ＝サンパウロ間の鉄道開通100周年の記念切手。

155

図31 ドン・ペドロ2世駅の最初の駅舎を取り上げた1920年代の絵葉書。

図32 現在のリオデジャネイロ中央駅。

図33 中央鉄道開業100周年の記念切手に取り上げられたリオデジャネイロ中央駅。

第 5 章　フラメンゴとマラカナン

図 34　リオデジャネイロ中央駅のコンコース。

図 35　コンコース内のアール・デコ風の階段。

図 36　駅構内のドン・ペドロ２世像。

図 37　中央駅の警備員。

図 38　中央駅のチケットカウンターの女性。

第 5 章　フラメンゴとマラカナン

下の 1936 年から 7 年の歳月をかけて 1943 年に竣工したもので、構内の随所にはアール・デコ様式が取り入れられた（図 34・35）。また、1925 年のドン・ペドロ 2 世生誕 100 周年に作られた国王の銅像（図 36）は旧駅舎から新しい駅舎に移設され、現在まで構内に置かれている。ちなみに、中央駅が現在のセントラル・ド・ブラジル駅に改称されたのは 1998 年のことだが、それから 20 年近くが過ぎた現在でも、中央駅のことをドン・ペドロ・セグンドと呼ぶ人も少なくないという。

　構内で写真を撮っていたら、良い感じの警備員の親父がいたのでカメラを向けたら（図 37）、親父は「俺なんかじゃなくて、後ろの若い娘を撮ってやれよ」という。振り返ると、チケットカウンターにいた女性 2 人がポーズを取って待っていたので（図 38）、こちらもパチリと 1 枚撮る。

　中央駅を出ると、目の前にはリオ市内中心部を東西に走るメインストリート、プレジデンチ・ヴァルガス通りが通っている（図 39）。

　もともと、プレジデンチ・ヴァルガス通りは、グアナバラ湾のミネイロス埠頭と市内を流れるマンゲ運河（後に暗渠となってガス管が通る）を結ぶマンゲ通りという小道だった。

　1927 年から 1932 年にかけて、フランスの都市計画家、ドナルド・アルフレド・

図 39　中央駅付近からカンデラリ

図40 プレジデンチ・ヴァルガス通りの東端に近いカンデラリア教会の周辺。

図41 プレジデンチ・ヴァルガス通りに面した昔ながらの建物と街路樹のヤシ。

図42 プレジデンチ・ヴァルガス通り歩道のカルサーダス。

第5章　フラメンゴとマラカナン

図43　中央駅正面の鷲の装飾のある建物。

　アガッシュは、リオデジャネイロ市の依頼で都市計画の基本綱領を取りまとめ、その一環として、アガッシュはマンゲ通りの大幅な拡張を提案したが、当時のカフェ・コン・レイテ体制下では、このプランが実現されることはなかった。
　ところが、1937年にヴァルガスのエスタード・ノーヴォ体制がスタートすると、翌1938年、ヴァルガス政権は時代の"変化"を可視化すべく、お蔵入りとなっていたアガッシュのプランを採用して首都リオデジャネイロの大規模改造に乗り出す。
　こうして、1940年、市内西部のレオポルディーナから中央駅の前を通ってカンデラリア地区にいたる3.5キロの区間で、街路の大拡張事業が始まり、1944年、大統領本人の名を冠したプレジデンチ・ヴァルガス通り（図40・41・42）として開通した。その前年の1943年には中央駅の新駅舎も完成しており、市内中心部の景観は大きく変化することになった。
　駅を出て、古き良き時代を感じさせる鷲の装飾がある建物（図43）を見あげながら右折してプレジデンチ・ヴァルガス通りに出ると、すぐ東側には、ブラジル陸軍の司令部とカシアス公の騎馬像があり（図44）、通りをはさんでその反対側にはカンポ・デ・サンターナ公園が広がっている。

161

図44 中央駅の東側にある陸軍総司令部とカシアス公像。

図44 カシアス公生誕200周年の記念切手。

カシアス公（ルイス・アルヴェス・デ・リマ・デ・シルヴァ。図45）は、1803年8月25日、リオデジャネイロ州の"サンパウロ"という名の大農場主の家に生まれた。1822年のブラジル独立戦争に従軍し、皇帝ドン・ペドロ1世の忠臣として、ドン・ペドロ2世の教育係となった。独立後間もないブラジルで相次いだ地方叛乱の鎮定に奔走したほか、1856年にはドン・ペドロ2世によって首相に任命された。1864年に三国同盟戦争が勃発すると総司令官に任じられ、ブラジル軍を勝利に導くなど、1880年に76歳で亡くなるまで、ブラジル帝国の屋台骨を支え続けた。

共和革命後は皇室の忠臣として忘れられた存在になっていたが、生誕120年にあたる1923年以降、陸軍によって軍事的な英雄として再評価する動きがはじまり、1925年には彼の誕生日にあたる8月25日がブラジル陸軍を称える"兵士の

第5章　フラメンゴとマラカナン

日"に指定された。

　こうした流れを踏まえ、1937年、ヴァルガス政権下で中央駅の東側に竣工した陸軍総司令部の庁舎はカシアス公宮殿と命名され、その前にはカシアス公の騎馬像とパンテオンが建立されている。

　中央駅と陸軍司令部の外観は、いずれも無駄な装飾がなく、機能性を重視した印象だが、そのことによって、かえって威厳が感じられる。これもまた、"貧者の父"を称した独裁者の時代を象徴する景観と言えるのかもしれない。

ヴァルガスとサッカー

　メトロのセントラル駅からマラカナン競技場の最寄り駅となるマラカナンまでは4駅、10分程度だ。

　マラカナンの競馬場跡地に巨大サッカー・スタジアムを建設しようというプランが持ち上がったのは、ブラジルにサッカーが伝来してから半世紀以上が過ぎた1940年代後半のことである。

　現在でこそ、ブラジルは質量ともに世界一のサッカー大国だが、当初は必ずしもそうではなかった。

　すなわち、1916年にアルゼンチンの独立100周年を記念して開催された第1回南米選手権では、ブラジルは参加4ヵ国（アルゼンチン、ブラジル、チリ、ウルグアイ）中の3位。翌1917年の第2回南米選手権でも同じく3位である。

　南米選手権に関しては、1919年の第3回大会と1922年の第6回大会で優勝したものの、この間の1920年の第4回大会では、ウルグアイに0－6（現在にいたるまで、南米選手権での最多得失点差での敗戦）を記録している。

　さらに、1930年7月13〜30日、独立100周年を迎えたウルグアイで開催された第1回FIFAワールドカップでは、グループ2初戦のユーゴスラヴィア戦に1－2で敗れ、続くボリヴィア戦には4－0で勝利したもののグループリーグ敗退している。

　1930年の第1回W杯では開催国のウルグアイが優勝したが、このことは、ヴァルガスを大いに刺激した。

　特に、1932年の"護憲革命"以降、ヴァルガス政権にとっては、あらためて州を越えた"ブラジル国民"としてのアイデンティティを養い、国民の団結を訴える必要に迫られていたから、そのための手段としてヴァルガスがサッカーに目を

163

つけたのも当然の成り行きだった（図46）。

　すなわち、ヴァルガス以前のブラジルでは、広大な連邦国土を構成する各州の自立傾向が強かっただけでなく、先住民のインディオ、欧州系の白人、黒人（アフリカ系、カリブ系）、日本人・中国人などアジア系、さらにはそれらの混血など、多種多様な民族が集っており、ブラジル国民としての共通項は、ポルトガル語とカトリックくらいしかなかった。

　このため、政権はナショナリズムを高揚させる手段としてスポーツを重視したが、特に、サッカーが重視されたのは、

図46　第1回W杯翌年の1933年、ブラジルで使用されたW杯優勝トロフィーをかたどったスタンプ。

① 　南米の国でも世界一になれるW杯という具体的な目標がある
② 　サンバ、カポエイラなどの黒人のリズム感覚や身体能力を取り入れた独特の動きがサッカーにとって有効であり、それゆえ、サッカーに勝つという目標の下に人種間の宥和を促進できる
③ 　かつてのポルトガル植民地時代以来、多くの国民の間には"マランドラージェン（主人や相手の目をごまかして上手に怠けることが生き残る術であり、上手な生き方であるという価値観）"の気風が染みついていたが、サッカーを通して、彼らが規律や努力を学ぶ教育効果が期待できる

という理由をあげることができよう。

　かくして、ヴァルガス政権はサッカー振興に熱心に取り組む。

　その結果、人種や経済階層を問わずにボールさえあればどこでも誰でもできるスポーツとして、ブラジル国民の間でサッカーが急速に普及し、直線的で素早いパス回しをする欧州勢に対して、"ジンガ"（もともとは"ふらふら歩く、揺れる"という意味のポルトガル語だが、サッカーでは"しなやかでリズミカルな動き・ステッ

ブ"を意味する) を含む黒人のリズムや身体能力を取り入れた"ブラジル式"サッカーのスタイルが徐々に確立されていった。

かくして、1934年のW杯イタリア大会で1回戦敗退だったブラジル代表は、1938年のフランス大会では堂々の3位に優勝を果たした。

次の大会は、本来であれば、1942年に開催の予定だったが、1939年に第二次大戦が勃発したことで欧州での開催は不可能となる。さらに終戦直後の1946年の大会も戦争の傷跡が癒えずに開催は見送られた。

この間、ヴァルガスは1945年10月の軍事クーデターで大統領の座を追われるが、彼がレールを引いたサッカーとナショナリズムを結びつける路線はその後も継承され、ブラジル政府は、1950年の大会開催国として立候補する。この時期、いまだ戦災からの復興途上であった欧州からの立候補はなかったため、ブラジルは無競争で1950年6月24日から7月16日にかけて、W杯開催権を獲得した。

マラカナンの悲劇と屈辱

W杯の開催が決まると、大型スタジアムの建設が必要となる。

当初の案では、名門クラブ"ヴァスコ・ダ・ガマ"の本拠地だったサン・ジャヌアリオ・スタジアム(1927年建設。収容人員4万人) の増築も検討されたが、1947

図47　バホーゾ生誕100年の記念切手には、作曲家の肖像とスタジアムが描かれている。

年11月、作曲家でリオデジャネイロ市議のアリ・バホーゾ(図47)らがダウンタウンにも近いマラカナン地区の競馬場跡地 (デルビー) を市が買い取って新スタジアムを建設する法案を市議会に提出。これが可決され、マラカナン競技場が建設されることになった。

バホーゾは、1903年、ミナスジェライス生まれ。18歳で故郷を離れ、弁護士をめざしリオに移ったが、大学在学中に音楽の才能が開花し、作曲家としても多くの歌手に楽曲を提供するようになる。作曲家としての代表作は、映画『未来世紀ブラジル』のテーマ曲として世界的にヒットした「ブラジル (原題は"ブラジルの水彩画"を意味する Aquarela do Brasil)」がある。

また、作曲家としてラジオ放送局とも深いつながりがあったことに加え、本人

がCRフラメンゴの熱狂的なサポーターだったこともあり、サッカー番組のコメンテーターやフラメンゴの試合の実況中継も担当した。その実況スタイルは、露骨にフラメンゴびいきで、その後のブラジルのサッカー中継のスタイル（コメンテーターや実況者は、どちらのサポーターであるかを明らかにしたうえで、聴衆と一体となって応援する）のモデルとなったことでも知られている。

図48　完成当時のマラカナン・スタジアムの切手。

　さて、完成当初のスタジアム（図48）は、ピッチを円形のスタンドが取り囲むという当時では斬新なデザイン。1階席3万、2階席2万5000、3階席10万人収容という巨大なもので、"デルビーの巨人"と称された。また、3階席スタンドの3/4を幅30メートルの屋根で覆う設計だったが、観客の視界を遮らないよう柱を外側に立てることにしたため、100トンもの重みを支える強度を確保しなければならず、工事も大幅に遅れ、6月24日の開幕になんとか間に合ったという。

　さて、開催国として悲願の初優勝を目指すブラジルは、1次リーグを2勝1分で突破。

　決勝リーグにはブラジルの他、ウルグアイ、スウェーデン、スペインが進出したが、ブラジルは同リーグでスウェーデンを7－1、スペインを6－1の大差で破ってウルグアイとの試合に望むことになった。

　一方、ウルグアイは、スウェーデンに勝ち、スペインには引き分けて1勝1分の成績でブラジルと対戦する。

図49　"マラカナンの悲劇"はウルグアイにとってはW杯の優勝を決めた栄光の瞬間として、切手にも取り上げられている。

　運命の1950年7月16日、19万9854人の観客が見守る中、マラカナン競技場で行われたブラジル対ウルグアイの試合では、後半開始2分にフリアカのゴールでブラジルが先制した。この時点で、多くのブラジル国民はブラジルの優勝を確信したが、ウルグアイは後半21分にスキアフィーノが同点ゴール、後半34分にギジャが

逆転ゴールを決め、そのまま試合終了。この結果、ウルグアイが3大会ぶり2回目の優勝を達成した。

これが、いわゆる"マラカナンの悲劇"である（図48）。

あと一歩で悲願の初優勝を逃したブラジル国民の落胆は大きく、2人がその場で自殺したほか、2人がショック死、20人以上が失神し、試合を実況していたバホーゾも「サッカーのアナウンスなどという商売はもう金輪際やるまい」と決意したという。

一方、当時9歳だったペレは、落ち込む父親を「悲しまないで。いつか僕がブラジルをワールドカップで優勝させてあげるから」と励ましていた。果たして、8年後、1958年のスウェーデン大会では、ペレは17歳で代表メンバーに抜擢され、6得点を挙げてブラジルのワールドカップ初優勝に大きく貢献している。

ちなみに、サントスのイメージが強いペレだが、彼が1969年11月19日に前人未到の通算1000得点を達成したのは、マラカナン・スタジアムでの対CRヴァスコ・ダ・ガマ戦だった。したがって、ペレ1000得点の記念切手（図50）に描かれている満員のスタジアムもマラカナンということになる。

図50　ペレ1000得点の記念切手。マラカナン競技場での1000得点達成の場面を描く。

ただし、切手に描かれているマラカナンの観客は20万人だったが、1992年のブラジル全国選手権決勝に際してスタンド落下事故が発生したことから、現在は全席椅子席となり、収容人員は、約8万人に削減されている。それでも、世界最大規模のサッカー競技場であることには違いないけれど（図51）。

日本人にとっては、"マラカナンの悲劇"の翌年に起きた"マラカナンの屈辱"もこのスタジアムの歴史を語るうえで外せない出来事である。

1951年、サンパウロの新聞社の招待で、当時、柔道史上最強と謳われていた伝説の柔道家、木村政彦がプロ柔道家として山口利夫、加藤幸夫とともにブラジルへ渡った。渡伯の目的は、プロレスの興行と並行して現地で柔道指導をし、昇段審査も行うことである。

ブラジルでは、20世紀初頭、日本人柔道家・前田光世が柔道にレスリングな

図51　現在のマラカナン・スタジアムのピッチ。

どの技を組み合わせて柔術とし、護身術とあわせてカーロス・グレイシー、ジュルジ・グレイシーなどに伝えたが、グレイシー家のエリオは、その柔術をさらに改良し、誰にでも使いこなせる技術体系を完成させた。これがグレイシー柔術である。

　グレイシー柔術の祖としてのエリオは、1930年代から、"何でもアリ"を意味する総合格闘技のバーリトゥードに参戦し、日系人柔道家を次々に破るなど、約20年間無敗を誇り、ブラジル格闘界に君臨する存在となっていた。

　そして、木村らの来伯を機に、柔道の本家、日本からやって来た柔道家たちと対戦し、柔道の進化系としてのブラジル柔術の強さを示すため、試合を申し込む。

　かくして、1951年9月6日にエリオはリオで加藤幸夫とブラジリアン柔術ルールで対戦し、10分3ラウンド引き分けに終わった。このため、9月23日に両者は再戦。今度は、試合開始後8分目でエリオが加藤を絞め落とし一本勝ちを収めた。

　加藤の敗北は日系移民たちに衝撃を与え、ただでさえ、勝ち組・負け組の抗争で荒んでいた日系社会には不穏な空気が流れたため、木村がエリオの挑戦を受け、10月23日、マラカナン競技場でエリオと対戦することになった。

第 5 章　フラメンゴとマラカナン

　ルールは 10 分 3 ラウンド制で、決着は降参を意味するタップか絞め落とすことでつけるというもの。当日は、カフェ・フィーリオ副大統領ら VIP を含む 3 万人の観客がマラカナン競技場に集まった。

　試合前、木村はエリオの細身の体格を見て「3 分持てばあちらの勝ちでもよい」と発言するなど余裕綽々の構えであったが、木村との実力差を十分に認識していたエリオは棺桶まで用意するという悲壮な覚悟で試合に臨んだ。

　果たして、第 2 ラウンド開始 3 分、木村は大外刈からのキムラロック（腕がらみ）を極めた。無敗の英雄の無残な姿にブラジル人大観衆が静まり返る中、場内ではエリオの腕の骨が折れる音がしっかりと聞こえたという。

　骨折後もエリオは強靭な精神力でギブアップせず、木村も骨折したエリオの腕を極めたまま、さらに力を入れ続けたが、セコンドを務めていたエリオの兄、カーロスがリングに駆け上がり、エリオの代わりに木村の体をタップし、木村の一本勝ちとなった。

　後年に木村はエリオのことを「何という闘魂の持ち主であろう。腕が折れ、骨が砕けても闘う。試合には勝ったが、勝負への執念は……私の完敗であった」とその精神力と、武道家としての態度を絶賛。エリオも木村の強さに最大限の敬意を払い、彼の腕を折った技、腕がらみを“キムラロック”と命名した。

　この一戦は、格闘技の歴史に特筆大書される“事件”であり、無敗を誇るグレイシー一族はこれを“マラカナンの屈辱”と呼んでいる。

スタジアム参観ツアー

　マラカナン競技場では、試合のない平日には見学ツアーが行われている（図 52）。

　僕が参加した 2013 年は、64 年ぶりの W 杯開催を翌年（2014 年）に控えて、地元では、今度こそ、ブラジルがマラカナンでの決勝を制して W 杯の優勝を決めるものと多くの人たちが信じていたようで、スタジアムのイラストと 1950・2014 の年号の入った巨大な看板が掲げられていた（図 53）。

　参観ツアーのチケットは、通常の試合のチケット売り場とは別の場所でひっそりと売られていて（図 54）、チケットとは別に、参加するツアーの出発時間にあわせたテープを手に巻き（図 55）、観客席の下（図 56）を通ってツアーの出発までの待合室に行く。

　待合室には、日本でもおなじみのジーコの銅像があった（図 57）。

169

図52　マラカナン競技場参観ツアーのチケット。

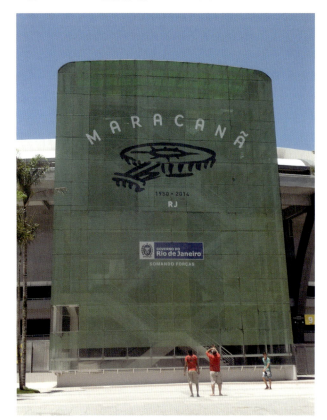

図53　マラカナン競技場での64年ぶりのW杯開催をアピールする巨大な看板。

170

第 5 章　フラメンゴとマラカナン

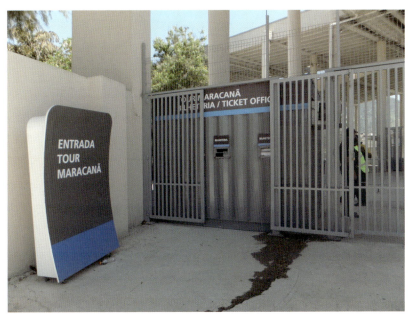

図 54　参観ツアーのチケット売り場と入口は目立たない場所にある。

図 55　参観者の腕に巻くテープ。

図 56　スタンド下の通路。

図57　ジーコの銅像。

図58　1982年のW杯に際してブラジルが発行した記念切手。

第5章　フラメンゴとマラカナン

　"白いペレ"とも呼ばれたジーコことアルトゥール・アントゥネス・コインブラは、1953 年 3 月 3 日、リオ生まれ。ジーコというのは"やせっぽち"という意味のあだ名だ。

　1967 年、14 歳で地元リオの名門、CR フラメンゴのユースチームのテストに合格。そのテクニックにほれ込んだクラブ側は、ジーコの肉体改造計画に取り組んだ。ジーコも期待に応え、ユースチームで 116 試合 81 得点の驚異的な記録を残して 1971 年にフラメンゴのトップチームに昇格した。

　フラメンゴでは MF として 10 年以上にわたり活躍し、1981 年のコパ・リベルタドーレス、トヨタカップと 4 度のブラジル全国選手権（1980 年、1982 年、1983 年、1987 年）でチームを優勝に導くなど、フラメンゴ黄金期を築いた。

　ブラジル代表には 1976 年に初めて選出され、W 杯には 1978 年、1982 年、1986 年の 3 大会に出場したが、優勝することはできなかった。特に、1982 年のスペイン大会（図 58）では、名将テレ・サンタナ監督の下、ジーコ、ソクラテス、ファルカン、トニーニョ・セレーゾの"黄金のカルテット"を擁するブラジル代表は、"ブラジルサッカー史上最も魅力的なチーム"と称されたが、2 次リーグ最終戦のイタリア戦で敗退した。

　1989 年 3 月 27 日、にイタリアのウーディネでブラジル代表引退試合（対世界選抜）が行われ、同年 12 月のブラジル全国選手権での対フルミネンセ戦がブラジル国内の公式戦最後の試合となった。

　ジーコはフラメンゴ在籍中に 731 試合に出場し 508 得点のクラブ史上最多記録を残した。そのうち、本拠地マラカナン競技場では 333 ゴールを記録。これはもちろん、空前絶後の大記録で、銅像はその業績を称えて建立された。

　引退後は、1990 年に発足したフェルナンド・コロール・デ・メロ大統領の下、スポーツ担当大臣に就任したほか、1991 年には日本サッカーリーグ 2 部の住友金属工業蹴球団（現・鹿島アントラーズ）のオファーを受けて現役に復帰。1993 年に J リーグが開幕すると、主力選手として鹿島アントラーズの 1st ステージ制覇に貢献し、チャンピオンシップではチームを準優勝に導き、その後の日本サッカーの発展の基礎を築いた。2002 年には日本代表監督に就任し、2006 年の契約満了までの間に、2004 年の AFC アジアカップ 2004 に優勝したほか、国際 A マッチ指揮試合 71 試合で 38 勝の好成績を残し、2006 年の W 杯ドイツ大会のアジア地区予選突破も果たしている。

　さて、待合室でしばらく待っていたら、参加者はポルトガル語組と英語組に分

173

図59　観客席から見下ろしたスタジアム。

けられ、ガイド・ツアーが始まった。ちなみに、僕が参加した回は、参加者の8割以上はブラジル人で、英語組は僕を含めて4人だけだった。

　ツアーでは、まず、エレヴェーターで最上階のスタンドまで上がり、観客席からグラウンドを見下ろしながら、あらためてスタジアムの巨大さを実感する（図59）。座席の色に青と黄色があるのはどういう理由なのかと思って、ガイドの女性（図60）に訊いてみたのだが、特に意味はないらしい。

　その後、各界の客席からの眺めを見比べつつ、貴賓室や選手のロッカールームなどにも立ち寄る。ロッカールームには、それぞれのロッカーに対応する代表選手のユニフォームが掛けられていて（図61）、記念撮影もできる。ハンガーに架かっていたユニフォームは、おそらく、選手が実際に着たものではなくレプリカなのだろうが、それでも、その場所自体は選手が実際に使っている場所なわけで、ファンにとってはたまらない体験となるにちがいない。

　その後、グラウンドに降りて、ピッチ外の場所を歩いたり、選手や監督が座るベンチに腰掛けさせてもらったりして、しばらく時間を過ごすのだが、その間もスプリンクラーがずっと作動しているので、居場所とタイミングが悪いと水をか

第 5 章　フラメンゴとマラカナン

図 60　参観ツアーの女性ガイド。彼女はわからない英単語が出てくると、一生懸命、辞書を引きながら対応してくれた。

図 61　選手のロッカールームで、ネイマール JR のユニフォームと記念撮影。

図 62　記者会見場でマイクに向かう。

175

図63　参観ツアーに向かう子供たち。引率の女性の方が、気分が盛り上がっているように見えるのはご愛嬌か。

ぶることになる。実際、僕も何度か水浴びをしてしまった。

　最後に、記者会見場に行き、監督気分でマイクに向かうという体験をして（図62）、ツアーは終了となる。

　ツアーの最後に、案内をしてくれた女性スタッフは「来年（2014年）のW杯では、ブラジル代表が優勝しますから、そのときには、今日のツアーことを思い出してください」と締めの挨拶をして、お開きとなった（図63）。

　残念ながら、2014年の大会では、ブラジル代表は準決勝のドイツ戦で1対7の大敗を喫し、開催国として、"聖地"マラカナンで優勝するというブラジル国民の悲願は達成されなかった。ただし、試合の結果を知って、僕が真っ先に思い出したのは、きっとお通夜のように落ち込んでいるであろう彼女のことだったから、ある意味で、W杯を見て参観ツアーの日のことを思い出すという約束は果たしたことになるかもしれない。

附章　カーニヴァルと切手

　リオ滞在中のある夜、サンバのダンスと演奏を楽しみながら、シュハスコが楽しめるというフラメンゴのレストランでのパーティーに招かれて、生まれて初めて、本場のサンバのパフォーマンスを堪能させてもらった。

　青を基調とした衣装で汗だくになってパフォーマンスをしているダンサー（図1）とミュージシャン（図2）を見ていたら、自然と1970年に発行された"リオのカーニヴァル"の切手（図3）が頭の中に浮かんできた。世界のカーニヴァル切手の中でも、僕が個人的に一番好きな切手だ。

　"リオのカーニヴァル"が、ポン・デ・アスーカルやコルコヴァードのキリスト像と並んで、否、外国人にとってはそれ以上にリオデジャネイロ（のみならずブラジル）のシンボルであることは改めて言うまでもない。

　ところが、ポン・デ・アスーカルがすでに19世紀から幾度となく切手や葉書に取り上げられており、コルコヴァードのキリスト像も1934年には切手に取り上げられているのに対して、（リオの）カーニヴァルを題材

図1　サンバのダンサー。

図2　レストランの客席に乱入したミュージシャン。

図3　1970年に発行された"リオのカーニヴァル"の切手。タンバリンをたたきながら踊るダンサーの姿が印象的な1枚だ。

とした切手は、前二者から大幅に遅れて、1967年に発行された"国際観光年"（図4）が最初である。

それだけに、1960年代、それまでカーニヴァル切手を発行してこなかったブラジル郵政が、あえて、カーニヴァル切手の発行に踏み切ったのはなぜなのか、前々から気にはなっていた。

そこで、なぜ、カーニヴァル切手は1967年まで発行されなかったのか（あるいは、1967年というタイミングで最初のカーニヴァル切手が登場したのか）、以下、カーニヴァルとサンバの歴史を振り返りつつ、以下、僕なりに考えてみたい。

図4　1967年に発行された"国際観光年"の記念切手。

カーニヴァルの起源

　西方キリスト教会では、四旬節（復活祭の46日＝日曜日を除く40日前）から復活祭前日までの期間は、イエス・キリストの受難を思って肉や卵などの食事制限を行うことから、その直前に肉に別れを告げる祭りが行われる。これが"謝肉祭"で、いわゆるカーニヴァルというカタカナの言葉は"carne vale（肉よさらば）"という表現に由来する。

　この断食の前の祝祭に、キリスト教伝来以前からのゲルマン人の春の到来を祝う祭りが融合し、街中を練り歩いたり、どんちゃん騒ぎをしたりする習慣になったと考えられている。

附章　カーニヴァルと切手

　この種の行事は、ポルトガル人入植者によってリオにももたらされたが、リオのカーニヴァルの起源をどこに求めるかについては諸説がある。
　たとえば、1565年のリオデジャネイロ市の建設を記念して、1567年に人々が街を練り歩いたという記録が残されており、カーニヴァルの中心をパレードに求めるのなら、これが最古の例ということになろう。また、17世紀以降、遅くとも1723年までに、アゾレス諸島、マデイラ諸島、カボ・ヴェルデからのポルトガル人移民が春祭りの"エントルード"を持ち込んだことをもって、リオのカーニヴァルの起源とされることもしばしばである。
　エントルードというのはポルトガルの春祭りのことで、人々は仮面をつけ、通りで水や泥、柑橘類を投げ合う。実際、19世紀前半までのブラジルの街頭でのカーニヴァルは、"灰色の水曜日（カーニヴァル後の水曜日、すなわち、この日から四旬節が始まる日）"までの3日間、かつらや仮面をつけて、液体を掛け合ったり、小麦粉やタピオカ粉を投げつけあったりあったりするのが、庶民の間では一般的なスタイルであった。
　一方、春祭りの時期のパレードとしては、1786年、前年（1785年）のポルトガル王ドン・ジョアン6世の結婚を祝って山車が作られたほか、1808年にポルトガル王家がナポレオン戦争の戦禍を逃れてブラジルに遷移してきた際に、ブラジル在住のポルトガル人たちが仮面をかぶり、派手な衣装をつけ音楽を鳴らして町中を練り歩き歓迎したことが、記録に残されている。
　こうした経緯を経て、1840年代になると、地元新聞社が主導して、かつてのローマやヴェネツィアに倣って、街の中で仮装をつけ、コンフェッテ（紙吹雪）をかけあう"カーニバル・パレード"（図5）の復活キャンペーンが始まったが、この時点では、カーニヴァルの音楽はゆっくりとしたマーチの"マルシャ"が主流で、サンバは使われていなかった。

図5　ポン・チ・アスーカルを背景に、紙吹雪と仮装のイメージでリオのカーニヴァルを表現した1970年の切手。

サンバの誕生

　一方、音楽としてのサンバは、公式には、1916年12月16日に楽曲として登録された「電話で（Pelo Telephone）」（ギタリストのドゥンガとジャーナリストのマウロ・ヂ・アルメイダの作品）が最初の1曲とされているが、サンバの原型となった舞踏と音楽は、すでに19世紀初めにアフリカのアンゴラ出身の黒人奴隷たちによって、奴隷貿易の集積地であった北東部のバイーア州に持ち込

図6　サンバ・ヂ・ホーダのイメージを描いた2005年の切手。

まれていたとみられている。ちなみに、サンバという語の由来についても諸説あるが、アンゴラで用いられていたバントゥ系諸語で"ダンスに誘う"を意味する"Zamba"、"Zambo"、"Zambra"、"Semba"などではないかと考えられている。バイーア州の伝統芸能として打楽器と歌だけで踊る"サンバ・ヂ・ホーダ（図6）"は、そうした古い時代の"サンバ"のスタイルを現在に伝えるものといってよい。

　その後、1871年の新生児解放令（同法の施行以降に生まれた者は、両親が奴隷であっても自由人となる）、1888年の奴隷制を完全に廃止する黄金法の施行を経て、"解放"された奴隷たちが職を求めてリオとその周辺に集まるようになると、しぜんと、アフリカ系の音楽とダンスもリオに持ち込まれることになった。

　19世紀末にリオに流入した黒人たちは、プラッサ・オンゼ（第11広場）と呼ばれる地域を中心に集住した。この地域では、"チア"と呼ばれる年配女性の家がアフリカ系の土着信仰の礼拝所であるとともに、ダンスや音楽などの社交場となっていたが、なかでも、"チア・シアータ"と呼ばれていたイラーリア・バチスタ・ヂ・アルメイダの家には、腕の良いミュージシャンたちが数多く集まっていた。

　当時、彼らが主に演奏していたのは、バトゥカーダ（打楽器のみの構成による2拍子の音楽）、ショーロ（管楽器と弦楽器のバンドリン、カヴァキーニョ、ギター、打楽器のパンデイロを基本構成とし、即興演奏を重視した三部形式の音楽）、ルンドゥー（アフリカ系の軽快な舞踏音楽）などで、ここに、ヨーロッパの舞曲であるポルカやマズルカ要素が入り込み、舞踏音楽としてのサンバが生まれたのである。

前述の「電話で」もまた、チア・シアータでのセッションが元になって生まれた1曲で、1917年、バイアーノとバンダ・ヂ・オデオンの2ヴァージョンのレコードが発売されてヒットした。この結果、「電話で」は当時の舞踏音楽の最高の名誉として、翌1918年のカーニヴァルのテーマ曲の一つとなり、さらなる大ヒットを記録する。

これが、サンバとカーニヴァルの最初の接点となった。

なお、1920年代以降、レコード産業が発展すると、サンバのリズムやスタイルは多様化し、音楽として聴かせることに重きを置く歌謡サンバの"サンバ・カンサォン"等も誕生した。

その女王として君臨したのが"ブラジルの爆弾"と呼ばれたカルメン・ミランダだ（図7）。

カルメン・ミランダは1909年、ポルトガル北部のマルコ・デ・カナヴェセスで生まれ、翌1910年、父親の仕事の関係でリオに移住した。1934年、24歳でリオのラジオ局と歌手専属契約を交して歌手活動を本格化させる一方、翌1935年には「アロー・アロー・ブラジル」「エストゥダンテス」などの映画にも出演し、女優として注目された。また、1939年の映画「バナナ・ダ・テラ」で彼女が歌った「オ・キ・エ・キ・ア・バイアーナ・テン」は、現在なお、ブラジル音楽のスタンダードとして名高い。

1939年、米ブロードウェイの劇場主、リー・シューバートに見いだされ、英語をほとんど話せないまま渡米し、1940年に出演した「ダウン・アルゼンチン・ウェイ」でミュージカル女優としての地位を確立した。また、1943年には、果物を盛った"フルーツ・ハット"をかぶって

図7　1940年代のカルメン・ミランダの写真絵葉書。

図9 サンバ・チ・ガフィエイラを取り上げた2005年の切手。

図8 白人の少年少女によるサンバ・チ・ガフィエイラのイラストが描かれた1955年の絵葉書。

映画「ザ・ギャングス・オール・ヒア」に出演し、ハリウッドで人気は頂点に達した。この"フルーツ・ハット"のインパクトは絶大で、本書61頁でご紹介したクラブ、コパカバーナの絵葉書も彼女のイメージが下敷きになっているのは明らかである。

しかし、米国での彼女の成功は、ブラジルでは「米国人の偏見を強調し、ステレオタイプにはめこんで売り出している」として反感を招く結果となり、リオでの凱旋公演には容赦のない罵声が浴びせられた。

その後、1945年頃からミュージカルそのものの人気が落ち込んだことで、彼女も勢いを失い、1955年、心臓発作で亡くなった。享年46歳。

一方、サンバが広く浸透することで、カーニヴァルとは無関係に、サロンやダンスホールで行われるペアダンスとしての"サンバ・ヂ・ガフィエイラ"が白人たちの間で流行し（図8）、定着していった。現在でも、ブラジルでは、ただ単に"サンバ"というと、カーニヴァルのサンバではなく、"サンバ・ヂ・ガフィエイラ"を指すことも多いようだ（図9）。

附章　カーニヴァルと切手

エスコーラ・ヂ・サンバの成立

　ところで、20世紀初頭、サンバとカーニヴァルが結びつく以前のリオでは、カーニヴァルの音楽はマルシャが中心で、パレードには公式には中流以上の白人しか参加が認められていなかった。このため、黒人や貧しい地域の人々は、自分たちで独自のグループを作り、カーニヴァルに勝手に参加していた。

　この小さなグループは"ブロコ"と呼ばれているが、そうしたブロコが合併して規模を拡大していき、1928年以降、"エスコーラ・ヂ・サンバ"と呼ばれる巨大組織が生まれていくことになる。

　エスコーラというのは、本来、"学校"の意味だが、この場合は、1928年にイズマエル・シルヴァらが組織した最初の団体の近くに学校があったため、冗談で"エスコーラ・ジ・サンバ・デイシャ・ファラール（Escola de Samba Deixa Falar=「言わせておけ」サンバ学校)"と名乗ったことに由来するもので、サンバの技能訓練施設という意味ではない。

　エスコーラが出現するまでのサンバ・チームは、大規模なコーラスバンドを従え、仮装した集団の"ハンショ"が主流だったが、ハンショの維持には莫大な経費が掛かるため、次第にハンショから優秀な人材を選抜して、現在のサンバ・カーニヴァルの音楽が形成されていくようになった。エスコーラの結成は、こうした時代の流れにも合致するものでもあった。

　さらに、1930年からは、カーニヴァルのパレードにコンテスト制度が導入され、5つのエスコーラが参加した。

　これが好評だったため、1932年からはリオの大手スポーツ紙「ムンド・スポルチーヴォ」が、翌1933年からは大手紙の「オ・グローボ」が、それぞれコンテストのスポンサーとなり、メディアを通じて、"リオのカーニヴァル"の注目度も上がり、優れた演出、楽曲が次々に誕生するという結果をもたらした。

　こうなってくると、ブラジルの他の地域に比べて"リオのカーニヴァル"は次第に突出した存在になっていくから、ブラジル・ナショナリズムの高揚を目指していたヴァルガス政権の下、政治が介入し始める。

　すなわち、1935年にはリオ市長のペドロ・エルネストが、コンテスト上位4位のエスコーラへの賞金の支給を開始。あわせて、演し物にテーマやナショナルイベントを選択させるようにしたことで、民族的なテーマを持った演し物が登場す

183

るようになった。

さらに、1937年に権威主義的なエスタード・ノーヴォ体制がスタートすると、カーニヴァルのテーマにも"ブラジルらしさ"が強く求められるようになった。その際、サンバとカーニヴァルの組み合わせは、（当時の）ヨーロッパにはなかった"黒人"という要素を全面的に取り込んでいるものとして、ヨーロッパに対するブラジルの独自性や国家アイデンティティを強調するうえで格好の素材として認識された（図10）。

1939年のカーニヴァルで、白雪姫をテーマに参加しようとしたエスコーラが、"国際的にすぎる（＝ブラジルらしくない）"との理由で不参加とされたものも、上記のようなヴァルガス政権のナショナリズムとサンバ・カーニヴァルの関係を端的に象徴していると言ってよい。

図10 白人の少女がタンバリンをたたきながら歌い、黒人の少年がトランペットを吹くという、人種融合の"ブラジルのサンバ"を表現した絵葉書。

もっとも、こうしてブラジルの象徴（の一つ）になっていった"リオのカーニヴァル"だが、1945年までのエスタード・ノーヴォ体制下では、それでも"国家のメディア"としての切手に取り上げられることはなかった。

やはり、当時の感覚からすれば、国家の名の下に発行される切手に取り上げる文化的な題材は、歴史的に評価の定まったハイ・カルチャーの中から選択すべきで、サンバやカーニヴァルの類は切手の題材としては卑俗にすぎるとの価値判断があったのかもしれない。

軍事政権下のカーニヴァル切手

1945年、ヴァルガスはいったん失脚し、エウリコ・ドゥトラ将軍が民主社会党から大統領に就任した。ドゥトラは民主化政策を採り、1946年には三権分立と大統領直接選挙を定めた新憲法が制定された。さらに、1950年12月の大統領選挙

ではヴァルガスが左派ポピュリストに転向して当選を果たした。

ヴァルガスは1954年に自殺するが、その後も、1964年までは左派ポピュリストの政権が続くことになる。

ところが、1964年、軍事クーデターによって、カステロ・ブランコ将軍を大統領とする軍事政権が誕生する。軍事政権は、政治の腐敗を正し、国家転覆の危機を排除するとの名目で憲法を停止。政府に批判的な政治家を1万人以上、逮捕・追放する一方、親米反共の砦として米国の支援を受けることで権威主義的な開発独裁体制を維持しようとした。

1966年10月に布告された軍政令第2号では、大統領の間接選挙（投票は連邦議会議員と地方代表で構成される選挙人団で行う）既成政党の廃止が決定された。これを受けて、それまでの政党に代わって、旧政党は与党の国家革新同盟と野党のブラジル民主運動に再編され、大統領選挙では国家革新同盟の推すアウトゥール・ダ・コスタ・エ・シルヴァ将軍が当選。そして、コスタ・エ・シルヴァ大統領の就任直前の1967年1月、軍事政権はそれまでに布告された軍政令を取り込んだ新憲法を公布した。

同憲法により、議会は形骸化し、大統領に戒厳令の施行や地方諸州への介入権が認められたほか、国名もそれまでのブラジル合衆国から現在のブラジル連邦共和国と改められた。

これに対して、学生のデモや労働者の抗議集会、ストライキが頻発しただけでなく、リオデジャネイロやサンパウロでは、キューバ革命の影響を受けたカルロス・マリゲーラ率いる民族解放行動（ALN）や10月8日革命運動などが軍事政権の打倒を唱えて武装闘争を展開した。

こうした状況の中で、あらためて、"ブラジル国民"としての団結を強調する必要に迫られた軍事政権側は、1967年11月22日に発行した"国際観光年"の切手の題材として"リオのカーニヴァル"を取り上げた。（リオに限らず）カーニヴァルがブラジル切手の題材となったのは、これが最初のことである。

かつて、権威主義的なエスタード・ノーヴォ体制は、国民の"ブラジル人"アイデンティティを涵養する手段として、サッカーとサンバを奨励したが、軍事政権もまたその先例に倣うのは必然的なことであった。

特に、反政府運動が武装闘争化し、国家の分裂が懸念される中で、誰もが浮世の憂さを忘れてともに踊り、祝うカーニヴァルは、"ブラジル人らしさ"を前面に押し出すことで、国民統合の手段として大きな効果が期待できるし、なにより、

図11 1969年末に発行された"1970年 リオのカーニヴァル"の記念切手。

全国民共通の娯楽であるがゆえに、この間の政治的休戦の契機にもなり得る。

　さらに、切手が発行された11月22日というタイミングが、12月2日の"サンバの日"の直前であることも見逃せない。"サンバの日"には、毎年、翌年2月前後に行われるサンバ・カーニヴァルの曲集が発売され、いよいよ、リオのみならず、ブラジル全体でサンバ気分が盛り上がってくる。したがって、この時期にカーニヴァルの切手を発行することは、日常的に使われる切手を通じて、そうした雰囲気をいっそう盛り上げ、国民の関心をカーニヴァルに集中させようという政府の意図が背景にあったと見るのが妥当であろう。

　ブラジル最初のカーニヴァル切手は、こうして発行された。

　その後、1968〜69年にはカーニヴァル切手の発行はなかったが、1969年12月29日と1970年2月5日の2回に分けて、冒頭に紹介した切手（こちらは1970年2月5日発行分）を含め、1970年の"リオのカーニヴァル"を題材に計5種類が発行されている（図11）。

　その背景にも、やはり、軍事政権下の政治情勢が色濃く影を落としている

　すなわち、1969年10月14日、大統領のコスタ・エ・シルヴァが病気で辞任

附章　カーニヴァルと切手

すると、陸海空三軍司令官による短期間の軍政を経て、同 30 日、エミリオ・ガラスタズ・メディシ将軍が後継大統領に就任した。

　同年末のカーニヴァル切手は、時期的に、コスタ・エ・シルヴァ政権時代からすでに準備されていたと考えられるが、急遽、1970 年 2 月にも全くテイストの異なるカーニヴァル切手が発行されたのは、やはり、病気による突然の大統領交代という事態のなかで、"リオのカーニヴァル" を盛り上げることで "ブラジル国民の団結" を強調する意図を込めてのことであったと見るのが自然であろう。

　なお、大統領就任以前のメディシは、軍事政権下の国家情報局長官として国内の治安対策に辣腕を振っていたが、大統領就任後もその手を緩めることなく、大学の閉鎖、議員や大学教授の追放など、反体制派の弾圧をより徹底し、都市ゲリラを殲滅して治安を回復した。リベラル派からメディシ政権時代が "暗黒時代" と呼ばれるゆえんである。

　その一方で、メディシ政権は、開発独裁政権として、治安の回復と強権によって保障された低賃金労働によって外資の導入を積極的に推し進めていく。この結果、ブラジル経済は、工業部門をはじめとして年平均 10% の高度成長を実現し、"ブラジルの奇跡" と呼ばれる空前の好景気が到来した。もちろん、高度成長の歪として、貧富の差の拡大や農村部への多国籍企業の進出による中小農家の没落と彼らの大都市流入など副作用は強烈ではあったが……。

　"ブラジルの奇跡" で社会がともかくも安定傾向を見せるようになるなかで、1970 年 2 月の切手を最後に、しばらく、ブラジルではカーニヴァル切手は発行されなくなる。

　次に、リオのカーニヴァルを題材にした切手が発行されたのは、それから 10 年以上が経過した 1983 年、ブラジル最初の切手である "牛の目" の発行 140 周年を記念して開催された世界切手展〈BRASILIANA 83〉に際してのことである（図 12）。

　すでに、開発独裁を支えた高度成長の時代は終わって軍事政権は末期に差し掛かっており、前年（1982 年）末には政党法が改正され、共産党を除く政党活動の自由が実現するなど、民主化への流れは否定しがたいものとなっていた。その結果として、かつてのように、カーニヴァルの切手が政治と連動するような状況でもなくなっていたといってよい。おそらく、1983 年の切手に（リオの）カーニヴァルが取り上げられたのも、それがブラジルと切手展開催地のリオデジャネイロを象徴する題材であるとの単純な理由によるものだろう。

187

図12 カーニヴァルの諸相を取り上げた1983年の世界切手展〈BRASILIANA 83〉の記念切手。

　ちなみに、野党が統一して大統領選の直接選挙制への復帰を要求し、クリティバで6万人が結集して大統領直接選挙キャンペーンが開始されたのは1984年1月12日のことで、民政復帰を公約に掲げる野党候補のタンクレード・ネーヴェスが間接選挙人団（国会議員）による大統領選挙に当選し、事実上の民政復帰が実現したのは1985年1月15日のことである。
　ただし、民政復帰後最初の大統領に当選したネーヴェスは、2月20日のカーニヴァル終了は見届けたものの、大統領就任式前夜の3月14日、数ヵ月患っていた消化器官の病気のため教会のミサの途中で倒れ、そのまま、入院して帰らぬ人となった。

あとがき

2013年11月19日から25日まで、ブラジルの郵便事業発足350年とともに切手発行170年を記念して、リオデジャネイロで世界切手展〈Brasiliana 2013〉が開催され、僕も日本コミッショナー兼審査員団の一員として参加した。

その際、せっかくリオまで行くのだから、切手展の仕事だけではもったいないので、会期終了後もしばらく現地に残り、12月になってから帰国した。本書掲載の風景写真や街歩きの記事などは、この時の取材に基づくものである。

ところで、僕は2007年の『タイ三都周郵記』以来、彩流社からほぼ年1冊のペースで切手紀行シリーズの本を出しており、2013年11～12月の取材をもとに、翌2014年のサッカーW杯ブラジル大会に合わせて、リオを題材にした本を作るつもりだった。ところが、帰国後ほどなくして、2007年以来同シリーズを担当してくれていた塚田敬幸氏が彩流社から独立し、新たに「えにし書房」を創業した。その後、塚田氏との仕事としては、えにし書房で『朝鮮戦争』や『アウシュヴィッツの手紙』の2冊を上梓したが、さすがに、彩流社で切手紀行シリーズを継続するわけにはいかない。

また、ほぼ時を同じくして、雑誌「月刊キュリオマガジン」の全面リニューアルに伴い、2008年11月からの長期連載となっていた「郵便学者の世界漫郵記」も2014年3月号でいったん休止となり、別の新連載を始めることになった。

こうして、しばらくの間、切手や絵葉書と歴史、旅を結びつけて語る"切手紀行"の仕事をする機会がなくなり、リオデジャネイロの本を作るという企画はお蔵入りになっていたのだが、今年（2016年）に入ってから、雑誌「月刊キュリオマガジン」編集部から、8月のリオデジャネイロ・オリンピックを念頭に何か新連載をしてみないかとのオファーを戴いた。そこで、同誌の2016年3月号から、2013年の取材経験をもとに、「郵便学者の世界漫郵記：リオデジャネイロ篇」を再開したところ予想外の好評で、読者の方々から、五輪開催に合わせて書籍化してほしいとのご要望をいただいた。

そこで雑誌に発表済みの連載記事の内容を大幅に加筆してリオデジャネイロを題材にした切手紀行の本を作りたいと、えにし書房の塚田氏に提案したところ、快諾を得て、急遽、本書の刊行が決まったという次第である。

余談だが、昨年（2015 年）、英国で発行された世界最初の切手 "ペニー・ブラック" についてまとめた拙著『英国郵便史　ペニー・ブラック物語』（日本郵趣出版）を上梓したのだが、その次の書籍が、国としては世界で 2 番目（地方政府を含めると、スイスのチューリヒ、ジュネーヴについで 4 番目）に切手を発行したブラジルを題材とした本書となったのも、何かの因縁かもしれない。

なお、本書の制作に際しては、前述の塚田氏のはか、編集実務とカバーデザインに関しては、板垣由佳氏にお世話になった。

末筆ながら、謝意を表して擱筆す。

2016 年 7 月 22 日　〈オリンピックとブラジル切手展〉開催の日に

著者記す

【主要参考文献】

（紙幅の関係から、特に重要な引用・参照を行ったもの以外は、日本語の単行本書籍に限定した。）

麻生雅人・山本綾子『ブラジル・カルチャー図鑑――ファッションから食文化までをめぐる旅』
　　（スペースシャワーネットワーク　2012 年）

アンジェロ・イシ『ブラジルを知るための 56 章（第 2 版）』（明石書店　2010 年）

伊藤秋仁・富野幹雄・住田育法『ブラジル国家の形成――その歴史・民族・政治』（晃洋書房
　　2015 年）

金七紀男『ブラジル史』（東洋書店　2009 年）

――『図説　ブラジルの歴史』（河出書房新社　2014 年）

斉藤広志『バルガス以降――ブラジルの政治と社会（1930 ～ 1969 年）』（ラテンアメリカ協会　1989 年）

正田幸弘『ブラジル切手概説　1843 – 1878』（私家版　2001 年）

――『ブラジル郵便史概説』（日本郵趣出版　2010 年）

田所清克『ブラジル雑学事典』（春風社　2016 年）

内藤陽介『英国郵便史　ペニー・ブラック物語』（日本郵趣出版　2015 年）

ボリス・ファウスト（鈴木茂訳）『ブラジル史（世界歴史叢書）』（明石書店　2008 年）

福嶋伸洋『魔法使いの国の掟――リオデジャネイロの詩と時』（慶應義塾大学出版会　2011 年）

ブラジル日本商工会議所（編）『新版 現代ブラジル事典』（新評論　2016 年）

堀坂浩太郎『ブラジル――跳躍の軌跡』（岩波新書　2012 年）

Ltda., *Catálogo de Selos do Brasil 2013 Completo de 1648-2012, 58ª EDIÇÃO*, São Paulo, 2013

【著者紹介】
内藤陽介（ないとう ようすけ）
1967年、東京都生まれ。東京大学文学部卒業。郵便学者。日本文藝家協会会員。フジインターナショナルミント株式会社顧問。
切手などの郵便資料から、国家や地域のあり方を読み解く「郵便学」を提唱し、活発な研究・著作活動を続けている。
[主な著書]
『解説・戦後記念切手』（日本郵趣出版、全7巻+別冊1）、＜切手紀行＞シリーズ（彩流社、全6巻）、『北朝鮮事典』（竹内書店新社）、『外国切手に描かれた日本』（光文社新書）、『切手と戦争』（新潮新書）、『反米の世界史』（講談社現代新書）、『皇室切手』（平凡社）、『これが戦争だ！』（ちくま新書）、『満洲切手』（角川選書）、『香港歴史漫郵記』（大修館書店）、『韓国現代史』（福村出版）、『大統領になりそこなった男たち』（中公新書ラクレ）、『切手が伝える仏像』（彩流社）、『事情のある国の切手ほど面白い』（メディアファクトリー新書）、『切手百撰　昭和戦後』（平凡社）、『年賀状の戦後史』（角川oneテーマ21）、『マリ近現代史』（彩流社）、『朝鮮戦争——ポスタルメディアから読み解く現代コリア史の原点』、『アウシュヴィッツの手紙』（えにし書房）、『日の本切手　美女かるた』（日本郵趣出版）、『英国郵便史　ペニー・ブラック物語』（日本郵趣出版）、韓国語書籍『우표로 그려낸 한국현대사』（하늘출판）、『우표, 역사를 부치다』（延恩文庫）他多数。

リオデジャネイロ歴史紀行

2016年 8月5日 初版第1刷発行

■著者　　内藤陽介
■発行者　塚田敬幸

■発行所　えにし書房株式会社
　　　　〒102-0073　東京都千代田区九段南2-2-7 北の丸ビル3F
　　　　TEL 03-6261-4369　FAX 03-6261-4379
　　　　ウェブサイト　http://www.enishishobo.co.jp
　　　　E-mail info@enishishobo.co.jp

■印刷／製本　モリモト印刷株式会社
■DTP／装丁　板垣由佳

© 2016 Yosuke Naito　ISBN978-4-908073-28-1 C0026

定価はカバーに表示してあります
乱丁・落丁本はお取り替えいたします。
本書の一部あるいは全部を無断で複写・複製（コピー・スキャン・デジタル化等）・転載することは、法律で認められた場合を除き、固く禁じられています。

ポスタルメディア（郵便資料）から歴史を読み解く　内藤陽介の本
"時代の証言者"としての切手、郵便物の魅力と面白さを存分に味わって下さい。

朝鮮戦争　ポスタルメディアから読み解く現代コリア史の原点

「韓国／北朝鮮」の出発点を正しく知る！
　日本からの解放と、それに連なる朝鮮戦争の苦難の道のりを知らずして、隣国との関係改善はあり得ない。ハングルに訳された韓国現代史の著作もある著者が、朝鮮戦争の勃発―休戦までの経緯をポスタルメディア（郵便資料）という独自の切り口から詳細に解説。解放後も日本統治時代の切手や葉書が使われた郵便事情の実態、軍事郵便、北朝鮮のトホホ切手、記念切手発行の裏事情などがむしろ雄弁に歴史を物語る。退屈な通史より面白く、わかりやすい内容でありながら、朝鮮戦争の基本図書ともなり得る充実の内容。

2,000円＋税／A5判　並製
978-4-908073-02-1 C0022

アウシュヴィッツの手紙

　アウシュヴィッツ強制収容所の実態を主に収容者の手紙の解析を通して明らかにする郵便学の成果！　手紙以外にも様々なポスタルメディア（郵便資料）から、意外に知られていない収容所の歴史をわかりやすく解説。
　収容者への小包の差し入れや送金など、収容所からの郵便物についての解析だけでなく、郵便資料の特性を生かして、ドイツ占領時代のみならず、第二次大戦以前のアウシュヴィッツ／オシフィエンチムの歴史を概観。また強制収容所概論、戦後の共産主義ポーランドが国家のメディアとしての切手で〝アウシュヴィッツ〟をどのように語ったのかも考察。

2,000円＋税／A5判　並製
978-4-908073-18-2 C0022